कविता-संग्रह

वह आदमी
नया गरम कोट
पहिनकर चला गया
विचार की तरह

विनोद कुमार शुक्ल

वह आदमी नया गरम कोट पहिनकर चला गया विचार की तरह

राजकमल प्रकाशन

पहला संस्करण 1981 में सम्भावना प्रकाशन से प्रकाशित

ISBN : 978-81-19028-67-2

मूल्य : ₹495

पहला राजकमल संस्करण : 2023

प्रकाशक : राजकमल प्रकाशन प्रा.लि.
1-बी, नेताजी सुभाष मार्ग, दरियागंज
नई दिल्ली-110 002
शाखाएँ : अशोक राजपथ, साइंस कॉलेज के सामने, पटना-800 006
पहली मंजिल, दरबारी बिल्डिंग, महात्मा गांधी मार्ग, प्रयागराज-211 001
वेबसाइट : www.rajkamalprakashan.com
ई-मेल : info@rajkamalprakashan.com

मुद्रक : बी.के. ऑफसेट
नवीन शाहदरा, दिल्ली-110 032

Wah Aadami Naya Garam Coad Pahinkar
Chala Gaya Vichar Ki Tarah
Collection of Poems by Vinod kumar Shukla

चाचाजी के लिए

क्रम

वह आदमी
नया गरम कोट
पहिनकर चला गया
विचार की तरह

वह आदमी नया गरम कोट पहिनकर चला गया विचार की तरह

वह आदमी नया गरम कोट पहिनकर चला गया विचार की तरह।
रबड़ की चप्पल पहिनकर मैं पिछड़ गया।
जाड़े में उतरे हुए कपड़े का सुबह छ: बजे का वक़्त
सुबह छ: बजे का वक़्त, सुबह छ: बजे की तरह।
पेड़ के नीचे आदमी था।
कुहरे में आदमी के धब्बे के अन्दर वह आदमी था।
पेड़ का धब्बा बिल्कुल पेड़ की तरह था।
दाहिने रद्दी नस्ल के घोड़े का धब्बा,
रद्दी नस्ल के घोड़े की तरह था।
घोड़ा भूखा था तो
उसके लिए कुहरा हवा में घास की तरह उगा था।
और कई मकान, कई पेड़, कई सड़कें इत्यादि कोई घोड़ा नहीं था।
अकेला एक थोड़ा था। मैं घोड़ा नहीं था।
लेकिन हाँफते हुए, मेरी साँस हूबहू कुहरे की नस्ल की थी।
यदि एक ही जगह पेड़ के नीचे खड़ा हुआ वह मालिक आदमी था
तो उसके लिए
मैं दौड़ता हुआ, जूते पहिने हुए था जिसमें घोड़े की तरह नाल ठुकी थी।

1964

दोस्त से मैंने कहा कि सूखी झील पर बसे हुए शहर की तरह था

दोस्त से मैंने कहा कि सूखी झील पर बसे हुए शहर की तरह था।
पालतू बतख का झुंड सड़क पर बाएँ
पैदल चल रहा था।
लोग आ रहे थे।
मैं किसी नाव या बोट का नाम लेकर
जूते पहिने हुए था।
जूते बरसाती नहीं थे।
तैरना आता तो शायद नंगे पैर चलता
बतख के झुंड बहुत थे—
आदमियों की तरह।
बतख का झुंड
बतख की तरह था।
बतख की तरह चोंच और पंख थे।
बतखनुमा गर्दन दोस्त की थी—
लम्बी लटकी हुई, उसकी ही पतलून
और क़मीज़ के झोले से बाहर
आदमी की मुट्ठी में आसानी से आ सके, गोल।
अलबत्ता क़मीज़ की जेब

एक और छोटे झोले की तरह—
दो अंडों या
दो अंडों की क़ीमत के लायक जगह।
मेरा दोस्त बहुत गिरता था
अंडों की दुकान और बममारक हवाई जहाज़ की हमने बहस की।

1966

राजनैतिक बहस में सूखे को लेकर

राजनैतिक बहस में सूखे को लेकर
मैंने किसी से नहीं कहा
कि नदी के किनारे से
एक झुंड चिड़िया उड़ी है—
जैसे एक लहर कई टुकड़ों में उड़ी है।
लेकिन, पड़ोसी कुर्सी पर ऊँघते हुए लोगों के बीच
बैठी हुई किसी चिड़िया को दिखलाकर मैंने हल्ला मचाया
कि टेबिल पर लहर का टुकड़ा है।
दस दोस्तों ने गाकर बताया
कि लहर का टुकड़ा खिड़की से आया।
दीवाल की खूँटी पर बैठा।
मुँह हाथ धोना है। इत्यादि।
और लहर का चेहरा नदी से मिलता-जुलता है।
पानी से भरी बाल्टी का चेहरा नदी से मिलता-जुलता है।
संसद के कंघी के आकार के होने की प्रक्रिया में
सरकार के सिर पर बाल नहीं थे।

1966

बिस्तर भूल गया था

बिस्तर भूल गया था।
दाढ़ी बनाने का सामान था।
बिस्तर भूल जाने से अपने ही कमरे में
रात को चहलकदमी करता हुआ मैं
ख़ानाबदोश हो गया था।
साथ में चार दाढ़ी वाले दोस्त भी शामिल हो गए थे।
आपस में चर्चा हो रही थी।
चहलकदमी वाले क़दम के
बीस क़दम कमरा—बीस क़दम सड़क
वहीं कमरे के अन्दर। तीन क़दम चारपाई।
सिरहाने पाँच मज़िला बैंक था; जहाँ मैं नौकर था—
तकिये के नीचे रेजगारी रखने की आदत, कारण हो।

दाढ़ी बनाना नौकरी में शामिल था।
हाथ में एक नई ब्लेड लेकर
पूरी गम्भीरता से मैंने कहा कि
अँधेरा छोटे-छोटे बाल की तरह उगा था।
साथियों ने एक साथ कहा कि
बिस्तर भूल गया था और

दाढ़ी बनाने का सामान था।

अँधेरा मेरे कमरे का मुखौटा लगाता था—
कमरे के आकार का अँधेरा
चार घनिष्ठ मित्रों के आकार का अँधेरा
दीवाल पर टँगी कुछ तस्वीरें राष्ट्रपति,
प्रधानमंत्री, माँ-बाप, भाई-बहिन के आकार
का अंधकार।

दिन मेरे कमरे का मुखौटा लगाकर आता था।
और शहर घूमता था।
उभरे गड्ढे की तरह कमरे में
दरवाज़ा बन्द कर धँस गए।
जबकि मेरा स्वतन्त्र देश
एक पक्षी था जो पिंजड़े सहित पेड़ पर जाकर बैठ गया था।
(जैसे मैं कमरे सहित घूमता था)
पीपल के पेड़ पर बैठा।
खजूर के पेड़ पर बैठा।
हुजूर के पेट पर बैठा।

रौबदार आदमी दाढ़ी बनाकर रौबदार था।
हम दाढ़ी बनाकर नौकरी करते थे।
नागरिकता में ऊँचाई
मैदान एक सपाट समतल सीढ़ी था।
जिस पर मैं चढ़ता या उतरता था
या चलता था।

इस तरह चहलकदमी करते हुए हाथ में
एक नई ब्लेड लेकर मैंने पूरी गम्भीरता से कहा था
कि अँधेरा शायद नकली दाढ़ी-मूँछ लगाकर

आया होगा।
देश की सुरक्षा के लिए चारों दोस्तों ने
और मैंने
पाँच नई ब्लेड बतौर हथियार के
समर्पित किए या आत्मसमर्पण किया था।
क्रान्ति हम लोगों से नहीं हुई थी।
और न कमरे में कोई षड्यंत्र किया था।

1966

घर से बाहर निकलने की गड़बड़ी में

घर से बाहर निकलने की गड़बड़ी में
इतना बाहर निकल आया
कि सब जगह घुसपैठिया होने की सीमा थी।
घुसपैठिया कि देशिहा!!

मेरी सूरत मुझको देखती है कि बदला नहीं।
चालाकी से अपनी सूरत की फ़ोटो मैंने
खिंचवा ली थी
कि बहुरूपिया होकर भी पहिचाना जाएगा।

सब्ज़ी बाज़ार में खड़ा होकर
मैं सोचता हूँ कि विद्रोही न कहलाने के लिए
मुझे कौन-कौन सी सब्ज़ी नहीं ख़रीदनी चाहिए।

मैं हमेशा जाता हुआ दिखलाई देता हूँ।
मैं अपनी पीठ बहुत अच्छी तरह पहिचानता हूँ।

1968

पेड़ की फटी ख़ाकी वर्दी पहिनकर

पेड़ की फटी ख़ाकी वर्दी पहिनकर
ठूँठ यहाँ आकर खड़े हो गए हैं।
एक के बाद एक
लगातार
सैकड़ों क़तारें हैं।
इस तरह बगीचा है
या कोई फ़ौजी टुकड़ी थककर खड़ी है।
चारों तरफ़ लोहे के कँटीले तार का घेर।
कोई पेड़ बाहर निकल आए
या किसी के पेड़ तक जाने का डर!
सख़्त पहरा!!
शायद सब क़ैदी हैं।
या दुश्मनों का उजाड़ बगीचा है
हमारे क़ब्ज़े में।

मैं इतना थका हूँ
कि एक पेड़ से नहीं
एक बगीचे से पीठ टेककर

सुस्ता रहा हूँ।

यह बगीचा मेरा नहीं है।

1966

मुझे उधार लेना है

मुझे उधार लेना है,
पड़ोसी से हाथ मिलाते हुए मैंने कहा
कि आपसे हाथ मिला रहा हूँ और
मेरे पैसे ख़र्च नहीं हुए।

मुझे तुरंत सूचना मिली
कि बहुत से लोग
बहुत रईस हैं
लेकिन मेरे पैसे ख़र्च नहीं हुए।

बहुत ढूँढ़कर मैंने चश्मा लगाया
मैं चल रहा हूँ
मुझमें ताक़त है
मैं ज़िंदा हूँ!!
रईस! रईस!!
ज़ोर से मैं चिल्लाया—
मेरे पैसे ख़र्च नहीं हुए।

और बिना उधार लिये

मुझसे काफ़ी कुछ हो गया

जबकि मेरे पास
सौ रुपए का नोट था
उसकी शक्ल
बिलकुल आपके सौ रुपए के नोट की है—
तुलजाराम सेवकराम बैंकर्स!!
मेरी शक्ल आपकी तरह नहीं है इंदरचंद!
मैं बिलकुल नहाया धोया
कपड़े साफ़ सुथरे
मेरी शक्ल क्या ख़राब है!!

आख़िर मुझे क्या करना है
जब मुझे उधार लेना है?

1974

मैं दीवाल के ऊपर

मैं दीवाल के ऊपर
बैठा
थका हुआ भूखा हूँ
और पास ही एक कौआ है
जिसकी चोंच में
रोटी का टुकड़ा
उसका ही हिस्सा
छीना हुआ है
सोचता हूँ
कि हाय!
न मैं कौआ हूँ
न मेरी चोंच है—
आख़िर किस नाक-नक़्शे का आदमी हूँ
जो अपना हिस्सा छीन नहीं पाता!!

1960

आकाश की तरफ़

आकाश की तरफ़
अपनी चाबियों का गुच्छा उछाला
तो देखा
आकाश खुल गया है।
ज़रूर आकाश में
मेरी कोई चाबी लगती है!
शायद मेरी सन्दूक़ की चाबी!!

खुले आकाश में
बहुत ऊँचे
पाँच बममारक हवाई जहाज़
दिखे और छुप गए—
अपनी ख़ाली सन्दूक़ में
दिख गए दो-चार तिलचट्टे
सन्दूक़ उलटाने से भी नहीं गिरते!

1965

बाज़ार की सड़क

बाज़ार की सड़क
व्यस्त आदमी
और उसके दोनों हाथों
गंदा झोला
कहीं फटा। एक ख़ाली और दूसरा भरा।
जिसके अन्दर
आलू भाजी गरम मसाले की पुड़िया
और मिर्चा
लाल या हरा!

काश! मैं!!
दस रुपये का नोट बनकर
उसकी झोली में पनाह पाता।

मैं अपनी ही झोली में
घुसा हुआ था।

1960

वृक्ष की सूखी

वृक्ष की सूखी
टहनियों के समानान्तर
मैंने अपनी
दो सुन्न बाँहें फैलाईं
और फुनगी पर एकटक दृष्टि

यह चाहता हूँ
कि जब पानी आए
तो पहले आँखें भिगो दे

फिर कोई चिड़िया
मेरी बाँहों की हरियाली में
घोंसले बनाए
अंडे दे।

1960

घर से दूर

घर से दूर
समुद्र के किनारे
टहलता हूँ बस
कोई डूबने आए
तो उसे रोक लूँ
जैसे मैंने अपने को रोका
फिर मिला भाई
उसके पीछे
दौड़ बहिन आई।
यह समुद्र तो बहुत बड़ा लेकिन।
कितने मीलों तक फैला।

मैं क्या करूँ
समुद्र को कैसे पाट दूँ!

बजाय टहलने के
मैंने रेत में दौड़ना शुरू कर दिया
ज़िंदगी में काम हुआ
बहुतों से दोस्ती

बहुतों से मिलना हुआ।

दौड़ते हुए समुद्र को
इतना छोटा कर देना है
कि उसके चारों तरफ़
चौकस नज़र रहे.
दोस्तों की संख्या बढ़ाकर
दुश्मन को घेर लेना है।

1960

लकड़हारे यदि जंगल की तरफ़ जाएँ

लकड़हारे यदि जंगल की तरफ़ जाएँ
तो जंगल अपने ही पेड़ों के घेरे में
बचने की कोशिश करते हुए
किसी अन्तिम पेड़ में छिपा रहेगा।

जंगल के बीच से यदि कोई रास्ता है (जंगल में मैदान की लतर)
तो इसी रास्ते से जंगल की जान का निकलना
बहुत परेशानी की बात है
यदि अन्तिम पेड़ बचा है,
अन्तिम पेड़
अन्तिम साँस
हरा-भरा, डालियों, पत्तियों, फूलों वाला
आदमी के लिए जो मेहनती हैं।

ख़त्म जंगल की जगह मैदान।

मैदान इधर-उधर
अपने लम्बे-चौड़े फैलाव में दूर तक चारों तरफ़ से
इंतज़ार करता हुआ बढ़ई, कारीगर, मिस्त्री,

रेजा-कुली का, घर होने के लिए।

कभी चट्टान में गुफा होने की प्रकृति
अब मैदान की घर होने की प्रकृति है।

मैदान, ख़त्म होने के लिए आख़िरी मकान बनने तक
आख़िरी मकान गोया आराम की साँस—
हवादार छत खिड़कियों वाली
आदमी के लिए जो मेहनती हैं!
हाय! इनमें लकड़हारे, बढ़ई, मिस्त्री का

कोई भी नहीं था घर!!

ठीक-ठीक शहर को बसना है
इस तरह जंगल का दुःख है।

1976

दो आम के पेड़

दो आम के पेड़
बहुत घने
बहुत ऊँचे
बहुत पास उगे
इतने पास
कि शाखाएँ
शाखाओं से गुँथी
पत्तियाँ पत्तियों से
कि वह जो चिड़ियों का घोंसला है
समझ में आता नहीं
किस पेड़ में बना है
इसमें या उसमें!

टूटकर पत्ती
किस पेड़ से गिरी!
कितनी सूखी!!
कितनी हरी!!!
चहचहाती हुई
बहुत-सी चिड़ियाँ हैं

आख़िर कौन-सी
किस पेड़ की डाल में!

दो पेड़ों के नीचे
एक पेड़ के नीचे जैसे
इन्तज़ार कर रहा वह
इस तरह
कि इसी तरह परेशान रहे—
इस आम के पेड़ से
या उस आम के पेड़ से
उसके आने तक।

1964

लड़की की इच्छा है

लड़की की इच्छा है—
नदी बहुत बड़ी होती है।

नदी का एक बूँद पानी
बूँद-भर नदी
बूँद-भर गहरी
बूँद-भर बही।

लेकिन लड़की कहती है
तालाब भी बहुत बड़ा होता है।
तालाब का एक बूँद पानी
बूँद-भर तालाब,
बूँद-भर गहरा हो गया।
बूँद-भर ठहरा हो गया।

लड़की की बहुत छोटी इच्छा है।

कितनी छोटी
वह लड़की नहीं. जानती।

1964

लड़की हरे-भरे पेड़ देखती है

लड़की हरे-भरे पेड़ देखती है
तो उसे आकाश दिख जाता है।
ऊँचे-ऊँचे मिले-जुले मकान देखती है
तो आकाश दिख जाता है।
लड़की चाहे पेड़ न देखे
पेड़ पर बैठी चिड़िया देखे
उसे आकाश दिख जाता है।
घर की खिड़की घंटों बन्द रखे
बस थोड़ी-सी खोले
या भूल से
सड़क पर निकल आए
दाएँ जाए या बाएँ
उसे आकाश दिख जाता है।

लड़की बहुत परेशान है।

1964

जाना भी दिखता रहता है

जाना भी दिखता रहता है
बहुत देर तक।
उसे देखते रहना
न दिखने के बाद देर तक।

जिसकी आड़ में वह ओझल
बहुत स्पष्ट होती है जगह।
इतनी स्पष्ट कि एक पेड़
या बहुत से पेड़ जैसी वह जगह,
झुरमुट, पहाड़, टीला।

यदि सपाट समतल लम्बा-चौड़ा मैदान है
वहाँ भी ओझल कर देने के लिए
एक समय होता है
एक जगह जैसा।
कुछ पेड़, बहुत से पेड़ जैसा समय,
पहाड़, टीला।

आगे कोई नहीं होता है

फिर भी पीछे चलते रहना उसी तरफ़
कुछ देर तक।

कब मैं लौट पड़ा।

1969

कुछ इस तरह याद नहीं

कुछ इस तरह याद नहीं
कि झाड़ी में
कहीं एक फूल होगा
पर दिखता नहीं
पास से भी नहीं।

इस तरह याद है
कि शायद फूल होगा
दूर से देखने पर भी फूल होगा।

मुझसे वह कितनी दूर है
अचानक भी नहीं देख पाता।

याद करने से मालूम पड़ता है
कि कितना भूल गया।

1978

बराबर दूर होती वह

बराबर दूर होती वह
चल भी नहीं रही है
बस खड़ी है सामने पास आने के लिए
दौड़कर या चलकर वह दूर नहीं जा सकती।

तब भी बराबर दूर होती हुई है
जब मैं उसके गाल को
उँगलियों से छूता रहा।

उसके ओझल होते हुए भी
मैं उसके हाथ को पकड़े रहा
कुछ दूर तक साथ-साथ
उससे दूर चला।

अच्छी तरह याद है कि मुझे दिखने के लिए वह छिपी है।

मेरा हाथ पकड़े हुए वह मेरे पास लौट रही है
जब मैं लौट रहा हूँ उसके पास
उसका हाथ पकड़े।

1976

पाँच साल की सबसे छोटी लड़की

पाँच साल की सबसे छोटी लड़की
दौड़ते हुए मेरे पास आई
—दादा आपकी प्रेमिका आई।

पत्नी ने उसे अपने पास बैठाया
तब तक मैं
नीचे से भागकर
ऊपर दूसरे किरायेदार के पास चला गया
जैसे तराई से पहाड़ में।

ऊपर से मैंने बताया
कि मकान मालिक
किराया मैदान से पहाड़ का
पचास रुपया लेता है
अकेला था तब जैसे
पूरा प्रांत ख़ाली था
तब मकान मालिक
पूरे प्रांत का किराया
तीस रुपया लेता था।

पत्नी ने प्रेमिका से कहा
कि गुज़र हो जाती है
अब ऐसा लगता है
कि प्रांत में नहीं
बस किराये के मकान में रहते हैं
झाड़ू-पोंछा प्रांत में नहीं
घर में लगाते हैं
गृहस्थी बहुत छोटी है
एक लड़का एक लड़की है
दुनिया से कोई मतलब नहीं है।
मैंने कहा कि मतलब है
पलस्तर घर का नहीं
प्रांत का झरता है
झंझट अपने रसोई घर में ही नहीं
चूल्हे सबके हैं।

प्रेमिका उदास हो गई
गोया उसे भूख लग रही थी

घर में भी मुझे घर की याद आती है।

1976

बहुत आसान है रात

बहुत आसान है रात
रात होती है से लेकर
रात के समाप्त होते तक
एक-सी अँधेरी।
उसमें वक़्त नहीं होते
दोपहर शाम के तेज़ धूलवाले या धुँधलके
छुटपुटे वाले
बड़े फज्जर
बिहनियाँ
उजाले वाला समय
ऐसा कुछ नहीं होता
बस अँधेरा रहता है रात-भर
परन्तु एक वक़्त होता है तब
पत्नी से यह कहने का
—तुम बहुत थक गईं
—तुम्हारी परवाह नहीं कर पाता।
वह इतने पास होती है
कि रात के शुरू में ही
अब सुबह होने वाली है

का वक़्त होता है।
एक सिलसिला होता है
रात का समय
अपने बच्चों के बारे में बात करने का
उनकी तकलीफ़ शरारतों के साथ
दुनिया-भर के बच्चों की बात।

पूरी रात का समय होता है
जैसे सुबह-सुबह चन्द्रमा और तारे रहते हैं।

1978

प्रकृति में

प्रकृति में
मैं शहरी आदमी
अजीब तरीक़े से खोया

बस में चढ़ने के लिए लोगों की लाइन
इस तरह लगती है
कि आदमियों के बीच
किनारे का पेड़ भी
लाइन में शामिल हो जाता है
उस पेड़ के पीछे अकेला मैं
सबसे पीछे।

बस के आने के बाद
मैं पढ़ा-लिखा समझदार
खड़ा रहा
कि बस में पेड़ चढ़े फिर उसके पीछे मैं
तब मुझे मालूम होता है
कि पेड़ बस में नहीं चढ़ता।

और मैं शहरी आदमी
प्रकृति से इस तरह अलग होता हूँ
कि पेड़ को पीछे छोड़ बस में बैठ जाता हूँ।

बस में बैठे मेरी इच्छा है
कि पूरे रास्ते में दोनों ओर पेड़ मिलते रहें

मैंने अपने कमरे में
पूरे जंगल की तसवीर लगा रखी है।

1976

कितने सुरक्षित हो गए

कितने सुरक्षित हो गए
कि किसी को भी
लग नहीं सकती गोली बन्दूक़ की
मुझे तो बिलकुल नहीं।

मैं तो आदमी बिलकुल घरेलू,
बहुत अकेले में
घर के सब खिड़की दरवाज़े बन्द कर लिये
रोशनदान था नहीं।
अलबत्ता अन्दर एक छोटा कमरा और था
इसी की सिटकिनी लगाकर
मैंने बेफ़िक्री से
धीरे-धीरे पढ़ा शब्द—गो...ली
इतने धीरे पढ़ने पर भी ठाँय गूँज हुई
शायद मुझे गोली लगी।

पेट भरने का उसका भी व्यापार
कारतूसों और बन्दूक़ों का वह दुकानदार
उस दुकान के सामने से मैं गुज़रा

दुकान में सजी हुई बन्दूक़ों का तो डर बिलकुल नहीं
पर वहीं मोटर से बचने की कोशिश में
कुछ इस तरह गिरा
माथे से ख़ून बहा, कुहनी छिल गई
जैसे मुझे गोली लगी।
एक परिचित के बैठने के कमरे में घुसते ही
दिखी धूल-भरी जंग खाई
टँगी हुई पुरानी भरमार एक बन्दूक़
जितने बैठे गप्प मारते थे
साथ उनके मैंने भी गप्प मारने की सोची—

पर एकदम चुपचाप कोने में खड़ा हो गया
पैर काँप गए, ज़बान लड़खड़ा गई
दिल बैठ गया, जैसे गोली घुसी।

सीना तो तब छलनी हुआ
जब मैंने देखा राइफलों को
मेरी और सबकी सुरक्षा के लिए
सिपाहियों के कंधों पर।

मैंने कभी नहीं की निशानेबाजी
बचने और ज़िंदा रहने का बराबर है अभ्यास
किसी को बचाने की भी तो नहीं की
थोड़ी-बहुत कोशिश
मैं नहीं मरा।

1979

सब जगह तेज़ धूप

सब जगह तेज़ धूप
कुछ लड़कों के पास
कहीं छाया नहीं।

अगर वे ख़ूब सटकर खड़े हों
लाइन से भी, घेरा बनाकर
कंधों पर हाथ रखे हुए
तो भी उनकी छाया
दोपहर में किस काम की।

एक जगह लकड़ियों के लट्ठों
बाँस के गट्ठों को देखकर
उनको बहुत बुरा लगा
कि लट्ठे पेड़ थे।

वहीं उन्होंने
एक बूढ़े को ढूँढ़ निकाला
उसके पास में कुल्हाड़ी थी।
जैसे आग में गरम
छूने में सबको डर लगा।

लड़कों ने
लकड़ियों में आग लगाकर
आग की ऊँची-ऊँची लपटों की
हिलती-डुलती छाया में
धूप से बचने की बात सोची।
उन्होंने सोचा, चिड़िया पकड़ें
तो चिड़िया की छाया भी
पकड़ में होगी।

ख़ूब लम्बा-चौड़ा गड्ढा खोदें
तो ज़मीन के अन्दर
गड्ढे की छाया भी निकलेगी।

थोड़ी देर
उड़ती हुई चील की
ज़मीन में फिसलती हुई छाया में
खड़े होने का खेल
वे दौड़-दौड़ खेले।
लड़के बूढ़े के साथ
झोपड़ी बनाने में
जुट गए।
काम जल्दी हुआ।
तैयार झोपड़ी में इसलिए सबने कहा—
मैं सबसे पहले!
मेरा काम सबसे अच्छा!!

कुछ लड़के बहुत अच्छे हैं
मैं उनसे मिला।

1976

एक-एक सूखा पत्ता

एक-एक सूखा पत्ता
ठहर-ठहर कर गिरता है।

पेड़ में यह कुछ इस तरह लगातार है।
कि मैं उस पेड़ को बड़बड़ाकर
घड़ी कह देता हूँ। कलाई पर बँधी घड़ी।
साथ वाला सुन लेता है।

समय देखने के लिए बहुत समय लगता है।
एक सूखा पत्ता गिरता है, जैसे एक सैकेंड है।
यदि कोई पूछता है कि कितना बजा है
तो मैं गुस्से में कह देता हूँ, मुझे घड़ी देखना नहीं आता।

घड़ी देखने से गर्दन झुकानी पड़ती है।
चाहे सामने एक शीशम का बड़ा पेड़ ही हो।
पूछने वाला अफ़सर लगता है।
'एक कोंपल हरी पत्ती बजा दिया गया है जनाब!'
वह बोलता है।
'चाहे दो कोंपल हरी बत्ती बजा दिया गया हो।' साथ वाला
बोलता है।

रिक्शा वाला पूछता है मोती बाग़ जाने के लिए।

साथ वाला कहीं चला गया।

1964

स्टेशन की तरफ़ आते-जाते

स्टेशन की तरफ़ आते-जाते
मुख्य रास्ते पर, जेल है
एक दोस्त का मकान तो
बिलकुल उसके पास है—
जिसके घर तो आना-जाना प्राय: है
ग़रीब लोगों से उसको बहुत प्यार है।
कई बार गया मैं स्टेशन
मैं नहीं गया कभी जेल के अन्दर।

जेल की दीवालों के घेरे की सीमा में ऊपर
रुका हुआ एक बादल, कुछ देर के लिए सही
आकाश तो हर हमेश है।

कितना भी अँधेरा क्यों न हो
जेल की कोठरी के अन्दर,
पर कुछ कम अँधेरा होता होगा दिन।

जेल बहुत तकलीफ़देह और ख़ौफ़नाक हो
तब भी सींकचे के अन्दर से

आना-जाना करती होगी चिड़िया
जैसे मेरी खिड़की के सरिये के बीचों से

जेल की दबी हुई चीख़
सड़क तक न सुनाई दे
पर सड़क से झुंड की ताक़तवर आवाज़
ज़रूर जाती होगी कालकोठरी के अन्दर
किसी निरपराध क़ैदी तक
या रेलगाड़ी की सीटी के साथ
गाड़ी के रवाना होने की छक! छक!!
सड़क से गुज़रते हुए सर्कस का जुलूस भी लें
तो घोड़ा कम ऊँचा है
हाथी और ऊँट भी नहीं दिखेगा
दीवाल इतनी ऊँची है
पर लाउडस्पीकर में साफ़ सुनाई देता होगा
कि सर्कस सत्रह से चालू होगा
या शादी के बैंड-बाजे की धुन।
ज़मीन से फूटकर आकाश में फूटता
कोई रंगीन धमाका!!

इसी तरह जो बाहर का है जेल के अन्दर
बस वही तकलीफ़देह और ख़ौफ़नाक है।

मैं नहीं गया जेल के अन्दर
पर दोस्त कहता है
उससे भी ज़्यादा तकलीफ़देह और ख़ौफ़नाक
जेल के अन्दर जो कुछ है
वह जेल के बाहर है।

1976

प्यारे नन्हे बेटे को

प्यारे नन्हे बेटे को
कंधे पर बैठा
'मैं दादा से बड़ा हो गया'
सुनना यह।

प्यारी बिटिया से पूछूँगा—
'बतलाओ आसपास
कहाँ-कहाँ लोहा है'
'चिमटा, करछुल, सिगड़ी
समसी, दरवाज़े की साँकल, क़ब्ज़े
खीला दरवाज़े में धँसा हुआ'
वह बोलेगी झटपट।

रुककर वह फिर याद करेगी
'एक तार लोहे का लम्बा
लकड़ी के दो खम्बों पर
तना बँधा हुआ बाहर
सूख रही जिस पर
भय्या की गीली चड्डी!

फिर—एक सैफ्टी पिन, साइकिल पूरी।

आसपास वह ध्यान करेगी
सोचेगी
दुबली पतली पर
हरकत में तेज़ी कि
कितनी जल्दी
जान जाए वह
आसपास कहाँ-कहाँ लोहा है।

मैं याद दिलाऊँगा
जैसे सिखलाऊँगा बिटिया को
'फावड़ा, कुदाली,
टँगिया, बसुला, खुरपी
पास खड़ी बैलगाड़ी के
चक्के का पट्टा,
बैलों के गले में
काँसे की घंटी के अन्दर
लोहे की गोली।'

पत्नी याद दिलाएगी
जैसे समझाएगी बिटिया को
'बाल्टी, सामने कुएँ में लगी लोहे की घिर्री,
छत्ते की काड़ी-डंडी और घमेला,
हँसिया, चाकू और
भिलाई बेलाडिला
जगह-जगह लोहे के टीले।'

हसी तरह
घर-भर मिलकर

धीरे-धीरे सोच-सोचकर
एक साथ ढूँढ़ेंगे
कहाँ-कहाँ लोहा है—
इस घटना से
उस घटना तक
कि हर वो आदमी
जो मेहनतकश
लोहा है
हर वो औरत
दबी सताई
बोझ उठाने वाली, लोहा!—

जल्दी-जल्दी मेरे कंधे से
ऊँचा हो लड़का
लड़की का हो दूल्हा प्यारा
उस घटना तक
कि हर वो आदमी
जो मेहनतकश
लोहा है
हर वो औरत
दबी सताई
बोझ उठाने वाली, लोहा।

1978

फूल वहाँ तक मुरझाया

फूल वहाँ तक मुरझाया
जहाँ तक वह खिला हुआ।

मीलों उसकी दूरी
टेढ़ी-मेढ़ी गोल-गोल।
उस दूरी के अन्दर
मेरा भी घर क़स्बा शहर
अरे बाप रे! इतना बड़ा पहाड़
वहीं था एक तरफ़।

जहाँ तक मुर्झाया वह
इतना बड़ा आकाश चन्द्रमा सूर्य
उस दूरी के अन्दर,
एक देश ही एक पंखुड़ी सूखी।
गर्म हवा गर्म धूल उड़ती
एक मोगरे में थी आख़िर ख़ुशबू कितनी
और कब थी!!—
यह भी मुझको याद नहीं।
मैं ऐसा तो नहीं भुलक्कड़।

ख़ुशबू होती है
पर हो जाता है शक।

एक हरी पत्ती की दुनिया
होती होगी बहुत बड़ी
एक नीम के पेड़ का ब्रह्मांड ही
पर आगे मैदान इलाक़े में सुनसान
वहाँ तक कटा हुआ वह पेड़
जहाँ तक फैला उगा हुआ।

कटे पेड़ की दुनिया भी
बेहिसाब बड़ी
उस दुनिया में
पेड़ ढूँढ़ते चिड़ियों के जोड़े कई-कई
एक ख़त्म डाल से दूसरी ख़त्म डाल तक
ज्यों मीलों जाते हवा में ठहर-ठहर।

उस बेहिसाब दूरी के अन्दर
हर बार चोंच से छूट गए
जो तिनके उड़ते सारे
अनगिनत घोंसलों के लायक।

उसको भी पीछे छोड़
क़रीब दोपहर एक बजे तक
जाकर पहुँचे नदी पास तक
वहाँ तक गहरी सूखी जो
जहाँ तक भरी बही।

सूखी गहरी रेत
हाथों में चप्पल

नंगे पैर चलने से भी बात नहीं बनी
गर्म रेत मुश्किल।
पाट बहुत चौड़ा था तिस पर।

जहाँ शायद मंझधार
नदी के बीच साथ-साथ
वहाँ था लम्बाई से पतला गड्ढा लहरदार।
वहीं एक जगह थी
टूटी-फूटी काली हंडी।
एक जगह था
लाल घड़े का चूरा।

जगह-जगह जहाँ बिखरे पड़े बबूल के काँटे
कभी वहाँ थी
ककड़ी खरबूजे की बाड़ी।

जहाँ भँवर तेज़
वहाँ शंकु गड्ढा
सुई की नोक-सी गहराई
रेतीली ज़मीन पर धँसी।
यहीं पर डूबा होता मैं
माथे पर होता लहरों का
थोड़ी देर आभास
फिर गुड़प!!
लेकिन लहरों के बदले
थपेड़े गर्म हवा के चेहरे पर।

उसको भी पीछे छोड़, उस पार
एक झोपड़ी थी
रेत की गाड़ी वाले की

मैं वहीं गया
वहाँ घड़े में पानी था।

गाड़ी वाले से मैंने पानी माँगा
वह जान रहा था
नहीं माँगता
तब भी वह देने वाला था।

भरपेट पिया मैंने लोटे से पानी ठंडा
जाने कितनी दूरी से!!
कहाँ मिला उसे इतना पानी!!!
बैलों के आगे भरी बाल्टियाँ लाकर उसने रख दीं।
वहीं झोपड़ी के पास
एक मोगरे का पौधा
पत्ती जित्ती कलियाँ जिसमें
और नीम का पेड़ हरा-हरा
पहले तो दिखा नहीं था।

एक हरी पत्ती की दुनिया बहुत बड़ी
एक नीम के पेड़ का तो ब्रह्मांड ही

मैं ठहर गया।

1975

नाके के पास

नाके के पास
सड़क पर मेरा घर।

मेरा रहना शुरू होने के बाद ही
वहाँ नाका हो गया—
नाके के इस तरफ़ मेरा रहना,
रहना रुका हुआ।
बतौर आम सामान के
व्यापारिक संस्थान से निकला हुआ मैं
इस तरफ़ से
उस पार मेरा देखना,
देखना उस पार चला गया।

तुरंत उसके पीछे-पीछे
धीरे-से
फिर तेज़ी से
मेरा सोचना चला गया।
उसे जाने दिया गया।

मैं जब इस तरह अकेला हुआ

तो खाना खाने का समय हुआ
जैसे नाके के पास
अनाज के गोदाम के नीचे
चौकीदार की सिगड़ी जल रही थी
या सिगड़ी के ऊपर
अनाज का गोदाम चढ़ा हुआ—
ऐसी भूख थी।

इस बार कोयला
इस तरह गीला हुआ
कि बरसात बहुत कम हुई
और घर में
हर बार खाना खाकर उठते ही
भूख लग जाने के डर से डरा—
तो मेरा मामला
घर से अलग होकर
मारवाड़ी बासा गया,
कभी हिन्दू होटल
कभी गुजराती लॉज।

कहीं ठहरने की व्यवस्था नहीं थी
कहीं खाने की।

खाकर कुछ मैं मोटा हुआ
कुछ अक़्ल गोटी हुई।

बरसात बस इतनी हुई
कि रंगीन इन्द्रधनुष के टुकड़ों की पट्टियों से
सिले हुए झोले के अन्दर
केवल तीन किलो चावल गुरमटिया।
बासमती, बादशाह भोग, चिन्नोर

किसके बोरे में चला गया?

नाके के पास
सुबह से सोमवार,
घंटों सोमवार रुका हुआ।
सोमवार मालिक के गैरेज का
ट्रक हो गया
माल ले जाता था।
मंगलवार कहाँ से आ रहा होगा?
कहाँ जाएगा?
उसमें क्या लदा होगा?

और दिन इतवार को
आराम करते समय
पीछे से लगातार
दौड़ने की आवाज़ आती
मेरे दौड़ने की आवाज़
मुझसे पिछड़ी हुई।
साल-भर तक साल रुका
कितने साल रुके

थका हुआ देखा मैंने कि
बेचने के लिए
सिर पर बेंच रखकर
जाता हुआ वही बढ़ई
दो क़दम बाद ही
उसी बेंच पर बैठकर सुस्ताने लगा
(वह उसे क्यों बेच रहा था?)

अपने को बैठाकर
मैं भी बैठ गया।

सिर पर बेंच रखकर
बढ़ई खड़ा हुआ
मैं अपने को लादकर खड़ा हुआ
उसे बाज़ार जाना था
मुझे दफ़्तर
नाके के पास सड़क पर मेरा घर।

1975

बहुत बड़ा पहाड़

बहुत बड़ा पहाड़
ठहरा हुआ
ढाँप लेने के लिए उसकी चोटी, कुहरा।
बहुत सुस्त
और एकदम मोटा ठहराव पहाड़ का
कि अपनी ऊँचाई
और ढलान में समाप्त ही।

स्थिर उतना ही
जितना एक पहाड़ के चित्र में पहाड़।
बल्कि असली पहाड़
उससे कहीं ज़्यादा स्थिर है
जितनी चित्र में उड़ती चील
इस पार आई हो
या उस पार जाएगी,
तंग घाटी के अन्दर से
नुकीले पत्थरों के समानान्तर उड़ती,
दरख़्तों के ऊपर से यूँ ही!
डैने स्वतंत्र ताक़तवर इतने
कि पहाड़ नीचे इस तरह रह गया वहीं

पिंजड़े में रह गया जैसे।

बहुत ऊँचे पर जा सोचा होगा उसने
कि पहाड़
बल्कि पंजे से छूट गया
दहशत में जो
मीलों तक पड़ा रह गया।
पीठ पर बोझ लादे
पहाड़ी मज़दूर को भी
डरा हुआ लगा होगा मीलों तक।
बोझ इतना
कि उसकी पीठ पर
पहाड़ दुबका!!
दो रुपये की मजूरी में
सुरक्षित लदा।
पहाड़ को खाइयों में
लुढ़कने का डर!
परन्तु ज़मीन के कोने में
चालाकी से सिमटा
कठिन ख़ूँख़ार जानवर
दबे हुए आदमी पर
टूट पड़ने के लिए।

बल्कि स्थिरता कुछ कम हो गईं,
दूर-दूर तक फैली हुई श्रेणियों में
कि पहाड़ का भागना दिख रहा है
एक साथ जहाँ से उसने भागना शुरू किया है
और जहाँ तक वह चला गया है
परन्तु रुका हुआ।

क्षितिज में यह सब
पहाड़ के चिन्ह की तरह।
अगर कुछ पास से देखें
तो उसमें चट्टानों के साथ-साथ
जंगलों का उगा हुआ ढेर है
इस तरह कि
पहाड़ के चिन्ह के बाहर
पहाड़ नहीं है।

बल्कि बहुत ज़्यादा स्थिर है
यह सचमुच का पहाड़
चित्र में लकड़हारे की उठी कुल्हाड़ी से—
साफ़ है पेड़ कट रहा है
कितने जंगल कट चुके
छिटककर कुल्हाड़ी उसकी
दो बार गहरी खाई में गिरी,
पकड़ मज़बूत है वैसे
पर मज़बूत हथेलियों की पकड़ से
कुल्हाड़ी की लकड़ी
चमकदार बहुत चिकनी
फिसलकर छिटकी।
नुकीले पत्थरों के सहारे
गहरी खाई में उतरा
किसी तरह
कुल्हाड़ी ढूँढ़ लाया
फिर पेड़ काटने लगा।
इसी डर से
हो सकता है चील
पहाड़ को दबोच नहीं पाती।

सचमुच की रात
उतनी ही स्थिर
जितनी चित्र में है।
साफ़ है
सूरज निकलने से नहीं
आग लगने से उजाला हो
शताब्दियों से
लकड़हारे से
कटे जंगलों के इकट्ठे ढेर में
एक साथ आग लगने से।
रात का वातावरण
हज़ारों मील तक का
काली चट्टानों वाला
दूसरा पहाड़।
अँधेरे में जो बिजली चमकती है
घाटियों में कड़क गूँज जिससे,
वह तो लकड़हारे की
पेड़ पर पड़ने के पहले
मोटी अँधेरी रात की चट्टान पर
कुल्हाड़ी की मार से
छिटकी चिनगारी है।

बल्कि पूर्व दिशा
लकड़हारे से कटी
लकड़ियों का ढेर है
या जिधर यह ढेर
वही पूर्व दिशा हो!
जिसमें दबी ऐसी ही सूरज चिनगारी,
धीरे-धीरे सुलगने से
धुआँ निकलता है

वही कुहरा
ढाँप लेने के लिए चोटी।
ढाँप लेने के लिए जब लपट होगी
तब बर्फ़ीली नदी
भाप होकर
बादल होगी—
ठीक बरसने,
ठीक बर्फ़ होने,
ऊँचे-ऊँचे बाँध
ठीक दिशा में जाने के लिए
नहर बिजली।
बहुत हलचल पहाड़ पर—
उगते कटते पेड़,
नदी, झरने
घाटी और कठिन चढ़ाई से
चिड़ियों गिलहरी
बर्फ़ और बर्फ़ीली आँधी से
मैदान के हरे-हरे क़दमों की तरह
ऊपर-ऊपर जाते खेतों से।
गोल चक्करदार सड़क
फेंकी हुई रस्सी जैसी
ऊपर तक रस्सी जादू से!!
पर सचमुच में बड़ी मेहनत मजूरों से।
घर टूटे-फूटे
चढ़ते-चढ़ते लुढ़क गए से।
नीचे थमकर
इधर-उधर
गाँव हुए से
परन्तु मौक़े की तलाश में
कि गाँव को

और ऊँचे में होना चाहिए।

नीचे से ऊपर की तरफ़ देखें
तो कुहरा हिलता है
उसकी आड़ में पहाड़
थरथराता हुआ सा।
उसी कोहरे से निकल पहाड़ी आदमी
पुराना काला बदरंग कोट पहिने,
कोट की दाहिनी बाँह ग़ायब,
वही उघरा दाहिना
नंगा हाथ उठा
बर्फ़ीली हवा में
जिसकी मुट्ठी में
दबी बर्फ़
हथेली की गरमी से
पिघलती है
लगता है
नदी ऐसी ही बनती है—
कोई गंगा जमुना।

फटी जेब से लटका
पहाड़ी फूलों का गुच्छा
या घाटी फूलों से भरी
साफ़ है
हिमालय ही ग़ायब है
अकेला वह खड़ा है।

मेरा मन पहाड़ घूमने को
बहुत होता है।

1975

तीन मीटर ख़ुशबू के अहाते में उगा हुआ गुलाब

तीन मीटर ख़ुशबू के अहाते में उगा हुआ गुलाब
ख़ुशबू के अहाते को बिखेर या कतर कर
कुछ इस तरह कोट बन गया
कि गुलाब का फूल कालर में उगा है।
जब मैंने गुलाब का फूल तोड़ा।
जब मुझे तफ़रीह करनी थी।
तब मुझे एक कोट बनवाना था।
तब मुझे एक क़मीज़ भी बनवानी है।
जब मुझे पंद्रह रुपये बचाने थे।
तब मुझे पंद्रह रुपये ख़र्च करने हैं।
वे रुपये कहाँ हैं?
मेरी बचत का रुपया
हर बार ख़र्च हुआ,
बाप के उधारखाते में मेरा नाम दर्ज हुआ
जब भी थोड़ा तंदुरुस्त हुआ
बहुत बीमार हुआ।

ख़ुशबू का पारदर्शक कोट पहिनकर
ज़िंदगी का अजीब जोकर लगता हूँ।

अन्दर वही पुरानी क़मीज़।
उसमें बाप जी को लिखा एक पोस्टकार्ड
कि यहाँ सब ठीक।

पोस्टकार्ड डालना कुछ दिनों से भूल रहा था
उसकी दृष्टि की पहली ठोकर से उछलकर
लाल डिब्बे के सामने आकर खड़ा हुआ चौकन्ना चुस्त!!
चिट्ठी डाल देता हूँ,
बड़ा काम होता है।
ज़िंदगी से मेरे ठीक होने की ख़बर
मुझसे अलग होती है
जो मुझसे जुड़ी नहीं थी।
उस ख़बर के न जुड़ने का
पैदाइशी निशान
कहीं ज़रूर है।
या वह पूरा मैं हूँ—
अच्छा नाक-नक़्शा नहीं।
पक्का नहीं कि पहली जनवरी को पैदा हुआ।
छुटपन में गिरने के
कुहनी-घुटनों में निशान हैं।
पीठ में फोड़े बहुत निकलते हैं।
आप कैसे हैं?
कितने बाल बच्चे हैं?
अत्र कुशलम् तत्रास्तु!!
परम पिता परमेश्वर की अनुकंपा से
हमारा आपका उपनयन संस्कार भी हुआ है।
बिसाहू, हरवाहा, चरवाहा की मिट्टी पलीद है।

चिट्ठी के अलावा
मेरे पते पर पहुँचने के पहले

गोल बाज़ार की सड़क
स्टेडियम में बदलती है।
ऊँचे छज्जों, बालकनी, गैलरी
दुमंज़िले, तिमंज़िले में बैठे
घूमते लोगों के लिए
मेरे पते पर पहुँचने का
उनका खेल शुरू होता है!

समय से पहले ख़त्म होने को एक मैच—
उनकी दृष्टि की हॉकी स्टिकों के बीच
पूरी लम्बाई के ऊपर
उछला तना हुआ
अपना गोल सिर बचाता फिरता।
अपनी आँख बचाता हुआ
गुस्से से ऊपर तकता हूँ।
पैर बचाता हुआ
कुचल देने के लिए
लात घुमाता हूँ।
हवा में घूँसे
गोया हवा को घूँसे
गोया उनकी साँस को चोट!
"हो! हो! शाबाश! बचके ज़ोर लगाओ!
अभी मरे नहीं। कोशिश करो। तंदुरुस्त हो!
कुछ नहीं बिगड़ा। लेकिन बचोगे नहीं!"
मकानों की खुली खिड़कियों से
लाउडस्पीकर से आवाज़ आती है
फुसफुसाकर मैं भी कहता हूँ
कि कोशिश करूँगा और बचूँगा।

यद्यपि दोस्त से मिलने की जगह मालूम है

लेकिन दोस्त का ठिकाना नहीं।
साहूकार का ठिकाना मालूम है।
भूगोल मालूम है।
अमरीका मालूम है।
साहूकार बहुरूपिया, बहुत रुपया।
मालिकों का मालिक या नौकरों का नौकर।
सैकड़ों जोड़ी जूते वाला दो पैर का जानवर—
नंगे पैर का आदमी जिसकी फ़िराक़ में।
बड़ी मेहरबानी!
झोपड़ी बनाने के लिए क़र्ज़ देकर
ब्याज में झोपड़ी ले लेता।
ज़मीन लेता।
प्रदेश ले लेता।
फिर बेघर के दरवाज़े को खटखटाकर
कभी भी कहीं से भी बरामद करवाकर
क़र्ज़ वसूलने का उसका दावा।
दिन के उजाले में हमें निकालता।
रात के अँधेरे में बन्द कर देता।
या लोग कोई झोपड़ी नहीं के अन्दर जाकर
कोई दरवाज़ा नहीं को बन्द कर लेते।
कोई खिड़की नहीं को खोल लेते
या छोटा-सा झरोखा भी नहीं
के पास आकर बैठ जाते हैं।
दुनिया देखते हैं।

गोल बाज़ार की सड़क में तालियों के बीच
अपनी पत्नी से मैं खाना परोसने के लिए कहता हूँ।
एक पूरी थाली—
अरहर की दाल, रोटियाँ, चटनी, ख़ुशबूदार चावल
रसेदार गोभी, बढ़िया थाली

उनकी कोशिश होती है कि दिमाग़ में उतरे
ताकि पेट और दिमाग़ का काम एक होकर
गहराई से सोचना गू हो जाए।

बाज़ू के घर की छत में लाइन से बैठे
काल कव्वों के झपटने के लिए थाली नहीं
ये विचार से रोटी को झपटकर उड़ जाने को तैयार
बैठे तत्पर।
नुकीली तेज़ चोंच इनकी है
विचारों की गहराई तक धँसाकर
नोचने बैठे काले कव्वे।
भगाने से नहीं भागते हैं—पत्नी कहती है।
भगाने से नहीं भागते हैं—मुहल्ले के लड़के कहते हैं।
मैं कुछ भी नहीं कहता।
कोई कुछ नहीं कहता।
तब भी सब सुनते हैं
—इनको भगाते रहो।
ज़रूरी विचारों से मज़बूत बनो
मरे हुए कव्वों की खाल ओढ़कर
साहूकारों की जमात इकट्ठी है।
बहुतों की खोल में हीरे की बटन लगी है।
छत पर कव्वे इकट्ठे होने के अंधविश्वास
कर सहारा ले
मेहमान बनकर मुहल्ले में आएगा
उड़कर नहीं, पैदल चलकर आएगा।
उनकी पेटी में कव्वों की खाल होगी
जो अधनंगे बच्चों की भेंट होगी।
खिलौने घुनघुने होंगे। इनको भगाते रहो।

शायद वह मुझसे भी कहे

कि कॉलर में लगा गुलाब का फूल मुरझा गया है
बहुत तफ़रीह हो गई
दस-पाँच रुपया बचने से कुछ नहीं होगा
क़मीज़ सिलवाने के बदले
कव्वे की खाल ओढ़कर जमात के साथ बैठूँ
काँव! काँव!! बोलना सीखूँ।

वह मुझे डाँटेगा, धमकी देगा
कि मैंने गुलाब का फूल क्यों तोड़ा था।
फिर वह कान में इत्र का फाहा खोंस
बगीचा समारोह में शामिल होगा।
तब बादल से सूरज,
मोटर की डिकी से, जैसे निकलेगा।
उनके वातावरण को रंगीन बना देगा
वातावरण में डिस्टेम्पर!!
वातावरण की बाहरी दीवालों पर
उँगली फिराने से कोई रंग नहीं आता
उनके वातावरण में अन्दर जाने की मनाही है
लेकिन मिट्टी में हाथ रखने से
मिट्टी का रंग नहीं
मिट्टी आ जाती है।
क्या यह गंदगी है?
लीख से भरे बालों वाले
लड़के के चेहरे में मैल की परत—
मैल की परत का नकाब!
नकाबपोश, चोर, डाकू
उचक्का, गँवार, गुंडा
वह ग़रीब का लड़का।...

बहुत से उदाहरण थे

उदाहरणों की भीड़
कविता में आने की
उनकी धकापेल मची।
बड़ा ग़ुस्सा
किसी की नाक फाउंटेन पेन
लिखना सूँघने के समान
इसलिए ख़ुशबू सूँघ से अदृश्य होकर
ख़ुशबू बोलकर
कान उसको आँख की तरह देखता-सुनता है।
इस तरह का कारोबार
पूरा चेहरा बिगड़ा है।

तब मैं उसकी पहली करतूत के
उदाहरण को ढूँढ़ने के लिए
सब कुछ उलटकर
पहले अपनी तलाशी लेता हूँ
ख़ुद उदाहरण होने से बचता
केवल दो मिनट
बन्द दीवाल घड़ी की तरफ़ देखता
कि कितनी देर तक
ख़त्म हुआ समय क़ायम रहता है
इस तरह दो मिनट बरबाद करता हूँ।

अपनी तलाशी लेते
मैं एक नई कविता शुरू करता
तो वह हज़ारों कविता की पृष्ठभूमि
तैयार कर देता है।—
अकेले मेरे बस का नहीं।
पूरी कविता पूरी कार्रवाई नहीं
पोटली में दो किलो चावल नहीं।

यह ज़मीन पर गिरे
दो किलो चावल के एक-एक दाने को बीनकर
मुहल्ले के लोगों के द्वारा
इकट्ठा करने का
इस तरह पेट से ज़्यादा
समूह की ताक़त बढ़ाने का हिसाब है।
उस आदमी को दौड़कर पकड़ना है
धक्का देकर पोटली का चावल गिराना जिसका काम है।
मेरा कविता के अलावा क्या कविता का काम है!!
मुहल्ले के लड़को, आओ
बहुत ज़रूरी काम है—
एक-एक कर जिसको जब भी मौक़ा मिले
अकेले से अच्छा
किसी को साथ लाना है।
पूरे मोहल्ले को गोल बाज़ार में आना है
किसान गंज में
ख़रीददार दुकानों में
बरसों के मुनाफ़े को तुरंत घाटे में
मेहनत को मुस्कराहट में
सोने को बनते हुए ताप बिजलीघर में
जिसकी चिमनी में उगा मधुमक्खी का छत्ता
या दिमाग़ में डंक मारने वाले विचारों का शहद-छत्ता।
डंक मारने वाले विचारों को फैलाना है।
ज़रूरी काम है।

उसकी पहली करतूत के उदाहरण को
ढूँढ़ते समय
जैसे गुम हो गई पहले की कविता
ढूँढ़ने के लिए सब कुछ उलट-पुलट बिखरा
न मालूम कहाँ वह गुप्त कविता

फ़रार कविता।
किस घूरे में फिंकी
बहुत नुक़सान हुआ।
काम पर जाने में देर हुई।
पत्नी से पहले डाँट-डपट पूछा
फिर उसके उदास होने पर पछताया।
जबकि वह लिखी गई कविता नहीं
लिखी जाने वाली कविता होती है।

कई दरवाज़े वाले गोल कमरे की तरह
एक विशाल उदाहरण का बहुत छोटा कमरा
पर इतने दरवाज़े खिड़कियाँ झरोखे।
जिनके खुले होने पर
यह कमरा शामिल मैदान लगता है—
खुले दरवाज़ों का घेरा।
दस बाई ग्यारह का क्षितिज कमरा
बिलकुल शुरू लगता है।

उदाहरण होने से बचता हुआ
क्षितिज कमरे के अन्दर घुसकर
उदाहरणों की बैठक में
कविता लिखने
मित्रों और दुश्मनों को जवाबदेह हूँ।
इन्हीं के बीच वह ग़रीब का लड़का
जैसे परिचितों के बीच
बेफ़िक्र होकर खेलता दिखता है
वैसे नंग-धड़ंग
लेकिन प्रतीकों के बाबासूट में
कहीं जाने को तैयार
मुझे देखते ही आ लिपटता है।

कहीं घुमा लाने की ज़िद करता है।
—उदाहरणों की भीड़ से
पुरानी खटारा साइकिल के उदाहरण पर
पैडल मारता हुआ
गुज़रता रहा वर्तमान
और इसलिए पीछे कैरियर पर बैठा
ग़रीब लड़के का उदाहरण
इतना पुराना पड़ गया
कि उसे लेकर चढ़ाई चढ़नी थी
या चढ़ाई करनी थी
क़िला फ़तह करना था।
कुछ सवारियाँ, रिक्शे में पाँच आदमी,
कहीं आबादी के ऊपर एक सवार।
नहीं! यह छिपकर चढ़ाई का रास्ता नहीं
यह आम रास्ता है।

'एक दूसरा रास्ता भी है।'
मैंने कैरियर पर बैठे
ग़रीब लड़के से कहा।
सामन्ती इतिहास सदर बाज़ार से
केवल दो मिनट का है
यदि साइकिल से जाएँ।
उधर भी परिचित हैं।
वहाँ लालबाग है—राजा का महल
जिसे सारडा सेठ ने ख़रीदा है।
कोकड़ा मारवाड़ी का मंदिर।
एक हलवाई की दुकान,
जहाँ पुराने क़िले का पीर
रोज़ रात को दो बजे
दो सोने की गिन्नियाँ देकर

दो जलेबियाँ खाने आता है।
बड़ा सिरफिरा
पहुँचा हुआ पीर!!
हर साल जिसकी मज़ार
एक बीता बढ़ जाती है
और शहर अपने अन्दर
एक बीता कम हो जाता है।
हर सेठ उसकी गिन्नियाँ भुनाकर रईस
और बाक़ी व्यापार ठीक।

न मालूम कब ग़रीब का लड़का
कैरियर से उतरकर
हलवाई की दुकान के
सामने पड़े हुए
काग़ज़ की चासनी चाटता
लापता हुआ।
हाय! उसके पीछे मैं लापता!!
जगह-जगह ठीक होने का समाचार
मुझे ढूँढ़ता फिरता, मेरी तलाश करता।
मैं उस आदमी को ढूँढ़ता
जिसकी कुशलता का समाचार मुझे मिलेगा
आदमी कब कुशलपूर्वक होगा?
ख़बर मिलते ही देना है जवाब—
कि यहाँ भी ठीक।

अपनी तलाशी लेते समय
जेब में हाथ डालता हूँ
तो उसमें पहले से घुसा
कोई और हाथ
जेब के अन्दर

मुझसे हाथ मिलाता है
कि मैं गिरफ़्त में!!
उससे हाथ छुड़ाने की ज़बरदस्त कोशिश में
उसकी कलाई-घड़ी टूटी ज़रूर
पर तब भी घंटे, मिनट और सेकेंड के नुकीले काँटे
मेरे हाथ में चुभे, धँसे
बहुत गहरे, बहुत गहरे बुरा समय बताते हैं।
अन्दर और बाहर बूँद-बूँद ख़ून बहता है
जो एक घटना है—उस हाथ को जेब से बाहर
निकाल फेंकता हूँ
तब भी उसकी हथेली से
उसकी मस्तिष्क और भाग्य-रेखा
जेब में कुलबुलाती छूट जाती है
एक-एक कर उनको चुटकी से पकड़
ज़मीन पर छोड़ता हूँ
तो सर्र-सर्र भागती हुई लकीरें
साँप के बिल में पनाह लेती हैं
कुल मिलाकर जेब से मुट्‌ठी-भर लकीरें,
बृहस्पति, चंद्र, पहाड़, शनि निकाल
हवा में उछालता हूँ।
उसकी बोरी से
एक मुट्‌ठी अनाज उठाकर
एक घूँसा अनाज कहकर
उसे डराता हूँ
उससे राजीनामे
और अँगूठे का निशान लगाने से चिढ़ता हूँ।...

बहुत ज़रूरी काम से
कुछ सोचकर हड़बड़ी में जाते हुए मुझे देखकर
एक पोस्टमैन पूछता है—

क्या आप पहली जनवरी को पैदा हुए।
आपकी पीठ में फोड़े बहुत निकलते हैं
और ज़िंदगी के ठीक होने की ख़बर
जो आपसे कभी नहीं जुड़ी
उस ख़बर के न जुड़ने का
पैदाइशी निशान आप स्वयं हैं।
तब तो यह गश्ती पत्र आपका भी है—
अत्र कुशलम् तत्रास्तु
दुनिया में कुशल है,
चिन्ता न करें।
मैंने पोस्टमैन से कहा
—आप पोस्टमैन बूढ़े हैं!
—नहीं मैं ब्रिगेडियर बूढ़ा हूँ
एक जल्दी होने वाले महायुद्ध में
मेरी टाँग टूटी, मरने से बचा
केवल एक पैर से
पैडल मारकर
आपको ढूँढ़ते पहुँचा
उदाहरण के लिए मुझे एक कविता में होना था
सम्भावित युद्ध में घायल होकर
मेरे चेहरे का
पूरा कारोबार बिगड़ा
मेरी ही नाक फाउंटेन पेन
सूँघना लिखने के समान
ब्रिगेडियर पोस्टमैन हूँ
सम्भावित युद्ध की शान्ति में
डाक बाँटने की मेरी ड्यूटी है।...

उसे जाते हुए मैंने देखा
उसके कैरियर में पार्सलों के बीच दबा हुआ

ग़रीब लड़के का उदाहरण
मुझे देखकर मुस्कुराया
मुझे रोना आया।

1976

काम पर जाती हुई औरत

काम पर जाती हुई औरत
इतनी सामान्य कि औरत कम
औरत का दृश्य ज़्यादा!
मेरे देखते कम
सोचते ज़्यादा दृश्य में
उस औरत के पीछे-पीछे जाने के लिए
एक लड़का लोहे के कँटीले तार को
रोता हुआ फाँद गया।
दूसरा तार के नीचे अधनंगा निकल गया।

हवा, चिड़िया, बादल के लिए
कँटीले घेरे का कोई मतलब नहीं,
मेरा मतलब है।

सोचने से भी बरसात में
ज़मीन पर दौड़कर
काले घने बादल
कँटीले तार से नहीं निकलेंगे
तब भी बारिश के बाद तार में

एक छोर से दूसरे छोर तक
बूँदें अटककर रह गई हैं।—
डबडबाई फेंसिंग।
ज़बर्दस्त धोखा कि सच में
बरसात की चिंधियाँ हैं बूँदें
फँसी हैं।
मेरा मतलब है
इसलिए झुककर निकलने से
क़मीज़ फँसती
फाँदने में पतलून।
थोड़ा-बहुत मतलब होने से ही
अधनंगा लड़का इतना सामान्य
कि मेरी क़मीज़ ज़रूरी कम
सहूलियत ज़्यादा।
सहूलियत भी नहीं
यदि अधनंगा होता
तो तार के नीचे से
आसानी से निकल जाता।

ज़ोर की झड़ी लगी बरसात में
आसमान में जैसे पानी के लगातार
टूटे तार खिंचते ऊपर से नीचे तक
टूटते बूँद टुकड़े
पानी को गीला करते हुए
गहरा करते हैं।
नदी और भी गहरे तक
भीगकर गीली
जैसे मेरी बनियाइन तक,
अधिक से अधिक रूमाल भी।
बरसात में भीगने की मेरी गहराई—

रूमाल और बनियाइन।
या कहीं एक बड़ी जनसंख्या के लिए पाताल-गिलास
अल्युमुनियम का फूटा हुआ
जिसमें कुछ भर नहीं पाता
बहकर इधर-उधर समुद्र होता है
हिंद महासागर, अरब, पैसेफिक
अटलांटिक होता है।
नियमित रूप से पानी गिरने न गिरने के कारण
हरे रंग का तोता
इतना जाना-पहचाना
कि तोता कम हरा रंग ज़्यादा
तोता यदि निकलेगा
तो पिंजड़े में हरा रंग छोड़कर
एक मरा हुआ हरा रंग
सूर्य निकल आता है सुबह छोड़कर
मरी हुई सी सुबह—
बड़े तड़के निकलती है
जैसे निकाल दी जाती है।
रात-भर सूर्य के क़ब्ज़े में रही सुबह
बिलकुल प्रात: है बेचारी।
देहातिन, गँवारिन ज़्यादा।—
गुडमार्निंग।

रात से बाढ़ आई है
और ऊपर जिसके बरामदे में जाकर
पनाह लेने की आम धारणा है
सुबह-सुबह इसके सिवाय क्या चारा है
कि बहुत बड़ा बरामदा है!!
और नीचे किसी पेड़ के ऊपर
अपने को डूबने से बचाते हुए

इस आम धारणा में
मुझे कम से कम
दिन का गाना गाना है।
जिसका विश्वास है।
फ़िलहाल सर्दी से गला ख़राब है
मलेरिया का बुख़ार है।
दूसरे पेड़ पर कव्वे के बाज़ू में बैठी
रोती ज़्यादा औरत की गोद में
खेलते ज़्यादा बच्चे का
बड़े होने का भरोसा है
न मालूम कब तक
ऐसे लटके रहने का
आजकल का दिन है।
जबकि अभी-अभी पैदा हुई
और अभी-अभी मर गई एक बच्ची
बड़ी होने लगी
इस तरह तड़ाक-फड़ाक काम कर दिन
बीतने लगता है
कि रौताइन हो,
रेजा जमादारिन हो,
कुंजड़िन महारिन हो,
विधवा, शादीशुदा, छोड़ी गई,
कुछ बेटे कुछ बेटी
पति से कम
बलात्कार से ज़्यादा
बीवी कम माँ ज़्यादा।

बाप रे बाप!!
ख़राब दिन और ख़राब रातों के घूरे में
उगे हुए टमाटर के पौधे को भी

बर्तन माँजने वाली
मालकिन से पूछकर ले जाती है
कि आने वाले समय में
पानी बोरे बासी भात के साथ
टमाटर की चटनी अच्छी लगेगी
एक-दो हरी मिर्च होगी
बहुत चरपरी होगी
या थोड़ी चरपरी होगी।...

धूम-धड़ाका ऐसा होता है कि
खुसर-फुसर होती है
पच्चीस लोग चुपचाप
मुँह लटकाकर खड़े हो जाते हैं
कि साहब से ज़्यादा साहबजादा।
पर छब्बीसवाँ ज़रूर कहेगा—
कि ऐसा नहीं होगा।
नए पुराने मकानों की
इतनी आड़ पैदा हो गई है
कि देखते ही लोग ओझल होते हैं
सड़कों से गलियाँ ज़्यादा।

आड़ी-टेढ़ी बहुत पतली गली—
मकानों के बीच
मैदान की फिंकी सड़ी हुई कतरन की ज़मीन पर
काँच की एक गोली चमकती है।
बारिश से धुलकर
धूप बदली में गोली ठहर-ठहरकर चमकती है
धीरे-धीरे धड़कती है
गोया जान बाक़ी है
गोली खेलने वाले पुत्तर से

ज़िंदगी में कुछ खेल बाक़ी है
अधिक काम बाक़ी है।

पुत्रीशाला के मैदान के बीच से
जाती हुई औरत और तीस-बत्तीस लोग
काफ़ी देर तक दिखते रहेंगे।
सीमेंट के कारख़ाने में
काम करने वाली औरत की
सीमेंट से खाल भूरी दिखती है
खाल में गहरी दरारें
प्रदेश और पड़ोस की जुड़ाई
कैसी फालतू, उखड़ी है
औरत की जात दिखती है।
उसके पैर में ईंट की ठोकर से बने घावों में
रास्ते की मुरम
और मिट्टी भरी है
पैर जैसे नींव गहरी
यह कैसी इमारत
कि सर पर धमेले में ईंटें
और गोद में बच्चा!!
इमारत नहीं बेघर ज़्यादा
इस बेघर में सबका ठिकाना।
उसका कहाँ रहना।

एक का भट्टी से झुलसा हुआ चेहरा है
या सूर्य से उसने पसीना पोंछा है
लेकिन इस तरह उसने
कमर में अँगोछे को बाँध रखा है
कि बड़ा चुस्त।
बहुत उत्साही वह छब्बीसवाँ

बहुत साँवला है।
कभी वह आगे
कभी पीछे
कभी सबके बीच में
कभी दौड़ने लगता है।

तीस-बत्तीस लोग परन्तु सभी छब्बीसवें
की गिनती गिनते हुए
देखता हूँ कि काम ख़त्म कर
लौटने का उस औरत का
कोई समय नहीं।

वहीं खड़े-खड़े मेरी जगह निश्चित हुई
थोड़ी हुई ज़्यादा नहीं हुई।
बड़ी भद्द हुई।

1976

कितना कुछ नुक़सान हानि

कितना कुछ नुक़सान हानि
दस रुपए के नोट का
पत्नी से खो जाना
ठीक से उसका
खाना न खाना
इतना दु:ख
या भूल गई वह
नोट कहीं सुरक्षित रख
जान-बूझकर
कि जब तक याद नहीं
तब तक जमा रहेगा।

इसी हड़बड़ी खोजबीन में
तोड़ दिया मैंने
चीनी का प्याला
एक और नुक़सान हानि
घाटे पर घाटा सुबह-सुबह
जबकि घर के दरवाज़े की
चौखट के आजू-बाज़ू

लाभ-शुभ सिंदूरी लिखा हुआ
पत्नी के द्वारा
बेकार टोटका
नुक़सान बार-बार
अच्छा ख़ासा
ज़िंदगी का।
गया दस रुपये का नोट
यानी पाँच किलो चावल
या सात किलो गेहूँ
पन्द्रह दिन का दाना-पानी
या नगदी के पन्द्रह दिन गए
उतने ही दिन बदले में
और जुड़ गए उधारी के,
जीना उधारी का इतना कुल नुक़सान।
वसूल लिए जाने का डर
मर जाने का डर।
—परन्तु कोई ज़रूर नफ़े में
बहुत मज़े में,
व्यापार की दुनिया में,
जिसकी चौखट के आजू-बाज़ू जैसे
पूर्व दिशा
सिंदूरी सुबह
लिखा हुआ वाक़ई 'शुभ' है
और 'लाभ' सिंदूरी अक्षर
पश्चिम-शाम का सच।

उत्तर की दिशा
चौखट के अन्दर
एक विशाल कमरे की दिशा
उस कमरे के दरवाज़े का

बादल परदा
जब सरका होता है
तब सप्तऋषि तारों का
पूरे ब्रह्मांड में अनोखा
क़ीमती पलंग दिखता है
दुनिया के व्यापारी का बेडरूम
नींद में जहाँ सुख से
एक और नींद सोता वह
उन सबकी नींद
जो सो नहीं पाते
ग़रीबी और भूख में।
पेट भरे होने पर
खाता रहता
भूख ख़त्म होने पर भूखा
जमाखोर जानवर
भयानक सबसे
आदमख़ोर शेर भी जबकि
हमला करने की नहीं सोचता
भरे पेट।
दूर-दूर अलग-अलग
ऊँचे-ऊँचे चलते रहने पर
चलना उसका
चौड़े रास्तों
चौराहों सड़कों पर
चाल बदबूदार गली कूचे की।
जागते रहने पर
जागना चौकस
उन सबके हिस्से का
फ़िलहाल जो इसीलिए
बीमार बेहोश थके

बेपढ़े-लिखे अधनंगे।

सप्तऋषि पलंग के सिरहाने
हाथ बाँधे कुछ दूर
ध्रुव तारा खड़ा दिखेगा
बुझा-बुझा
हुक्म बजा लेने को मजबूर
बिलकुल तैयार
रात-भर
बिना हिले-डुले मुस्तैद
स्वामिभक्त
इतना स्थिर
कि हमारा दिशासूचक
तय होते जिसके कारण
मजबूरी के
समुद्री, हवाई, मैदानी रस्ते
भारवाहक हवाई जहाज़
जहाज़ पानी के
मालगाड़ी
ट्रक, ठेले हम्मालों के
सब जाते हैं अपनी मरजी से जैसे
पर जाना पड़ता
उसकी मरजी से।

क्यों जाता है आख़िर
दुनिया-भर का
बोझ उठाने वाला
जाने-पहिचाने रस्तों से होकर
आदतन जैसे
गंदी नालियों के किनारे

म्युनिसिपैल्टी के कचरे की ढेरी पर सोने।

हाय! उसका बिस्तर
टूटी बोतलों
गिलासों के काँच टुकड़े,
पाखाना, नाले की लद्दी, बदबू
कूड़ा कर्कट
सिरहाने फटा हुआ बोरा रख।

जबकि मेहनत करने वालों का तकिया
मैंने सोचा चन्द्रमा है
और फैलकर सो सकने को
पूरे आकाश में बिछा
बादलों का गुलगुला बिस्तरा।
पृथ्वी के सारे फूलों की ख़ुशबू
उठकर
उसके लिए
तब शायद ऊपर से लगेगा
अगरबत्ती से निकलता हुआ धुआँ-सा
दुनिया-भर के कारख़ानों की चिमनी से,
और पृथ्वी में
शुभ कार्य हुआ सा होगा
जब काम करने वालों का
यह सब कुछ होगा
कथा मेहनत की होगी

मैं क्यों न सोचूँ
यह सब कुछ
जबकि दो दो तीन तीन दिन भूखे रह
पृथ्वी को सँवारने

अकेली उसकी मेहनत जीवन-भर
पर हाय! हाय!
सिकुड़ा पड़ा हुआ
कचरे की ढेरी पर
स्वप्न में देखता
उसी तरह आकाश
और ध्रुव
दिशासूचक ऐसा
कि उसी कचरे की ढेरी तक
जागने में पहुँच गया।

ग़रीबी सच
व्यापार की दुनिया में
पृथ्वी बहुत भारी मेहनत से
यह भी सच है
कि तराजू के एक पलड़े में
भारी होकर पृथ्वी नीचे
और आसमान टँगा हुआ
दूसरा पलड़ा है
चन्द्रमा और सूरज के बाटों के साथ।

व्यापारी की चिन्ता सच है
कि इतने सारे
तारों के ग्रामबाटों के बावजूद
आसमान के पलड़े में
कुछ और होते
पाँच दस चन्द्रमा सूरज के वज़न
तौलकर
बेच देने के लिए
ख़रीद लेने के लिए

कोशिश इसीलिए यह
कि बची-खुची ज़मीन बेचकर
खेतिहर
एक-एक कर
ज़मीन से अलग कि
जहाँ भी खड़ा
वहीं कूड़े में फिंका हुआ
एक घूरे के बाद
दूसरे रद्दी घूरे में
जाने की रफ़्तार से
चलता हुआ
कभी नहीं रुका
गिरता हुआ
सम्पूर्ण पृथ्वी से।—
क्या! ऐसे में
हो जाती होगी पृथ्वी
हल्की तुल जाने के लिए!!

तारा टूट जाता है।
गिर जाता है
अपने गिरने की
कुछ लम्बाई तक जलता
दिख जाता है कभी।
पृथ्वी से कई गुना बड़े
सूरज से ज़्यादा जलते
न मालूम कितने
गुमनाम अजनबी तारे
टूट जाते हैं
कौन परवाह करता है इसकी!!
पर एक बेदख़ल खेतिहर

मज़दूर ग़रीब
चाहे हो कहीं अँधेरे में
गुमनाम अजनबी-सा
उसकी परवाह बहुत अब
परवाह एक दूसरे की सबको कि—
जिनको होना था एकजुट
होने को अब एकजुट।
जिनको होना था ताक़तवर
होने को अब ताक़तवर।
जो होनी थी आशा
अब है उससे ज़्यादा।
जिनको पूछने थे सवाल
पूछने को सब तैयार।
जिनको देना था जवाब
देना ही होगा।
जिनको माफ़ नहीं किया जाना था
उनको माफ़ नहीं किया जाएगा
जिनको प्यार किया जाना था
करते हैं जीवन से ज़्यादा।

ये दिन और दिनों से ज़्यादा दिन
रात और दिनों से ज़्यादा रात
इसीलिए ध्रुवतारा
और दिनों से ज़्यादा
चमकदार प्यारा
स्थिर लाल
या मुझमें कोई
परिवर्तन स्थिर।

ऐसा कुछ

सम्भव ध्रुव है
कि हाथ बाँधे
गुलाम नौकर-सा
कठोर काला
जिसकी
भुजाओं की मांसपेशियाँ
पसीने से चमकती हुईं
बँधे हाथ
खुलते हुए
झुका सिर
उठता-सा
चेहरे पर शांति
पर निश्चय दृढ़
सप्तऋषि तारों की चारपाई से उठाकर व्यापारी को
ज़मीन पर फेंक देने की मुद्रा—
हमारा दिशासूचक
भटकने से रोकने वाला
जागने के आकाश का
वही स्वप्न का भी।

दृढ़ निश्चय से चमकते हुए—
एक दूसरा तारा भी
तीसरा चौथा
एक-एक कर सभी
सबके बँधे हाथ खुलते हुए
झुके सिर उठते से
सबके चेहरे पर शांति।
इकट्ठे कितने तारे
मेहनत करने वालों की
दुनिया के आकाश में

ऐसे ही चमकीले
चाँदनी खिली।

देखकर ध्रुवतारा
रास्ता पाते ही
क़दम बढ़ाने के पहले
सबसे आगे का मज़दूर
उठाएगा
ज़मीन की गीली मिट्टी जब
तब उसकी मुट्ठी में दबकर
मिट्टी में होंगे निशान गहरे
हथेली के गट्ठे—
घन कुदाली से
लोहे पत्थरों को तोड़ने के।
आकाश के समानान्तर
हथेली वह फैलाएगा
तब उस पर
गहरे निशान वाली
गोल मिट्टी
लगेगा
तराजू से होकर स्वतंत्र, पृथ्वी
ऊपर से गिरती
हथेली पर ठहर गई
शांत सुरक्षित।
उत्तर दक्षिण ध्रुव
नदी पहाड़ महासागर समुद्र
ग्लेशियर तूफ़ान
मरुस्थल दलदल
उत्तर दिशा से दक्षिण
पूर्व पश्चिम दिशा तक

दिन सुरक्षित होंगे,
नगदी के दिन जैसे
ऐसी बेफ़िक्री
कि ज़िंदगी जीने की
सँवारी मेहनत से।

1978

जिस सड़क पर मैं चला गया

जिस सड़क पर मैं चला गया
वह धँसी हुई ज़मीन के अन्दर
एक लम्बी दीवाल की मोटाई
ज़मीन की सतह पर—
जो रास्ता है तीस फुट चौड़ा।

मुझे शक है
दीवाल पर मेरी चाल-ढाल
कारगुजारी, मेहनत ऊपर ही ऊपर
किसी धँसी इमारत के इर्द-गिर्द
है सिर्फ़ सिर्फ़।
बार-बार यह इतनी बार
कि सड़क पर मेरी एक और साफ़ पगडंडी
मेरा फुटपाथ
मेरी सीधी-सादी चाल-ढाल से
ठोकर से
ऊपर से गहरे जाकर
एक और पगडंडी दीवाल
धँसी हुई—

रास्ते को चौड़ा करती
बीती इमारत के इर्द-गिर्द
एक और पगडंडी दीवाल का अहाता।

मुझसे यह ग़लत हुआ
यह कैसी कार्यपद्धति
कि सड़क के ऊपर
एक और सड़क की परत
सैकड़ों परतों से
उठकर बनी
गहरी ऊँचाई।
जैसे ख़त्म सभ्यता के ऊपर
जीवंत सभ्यता की परत चढ़ी
लेकिन रास्ता कहाँ बदला
बहुत कम बदला
कमज़ोर के ऊपर ताक़तवर सवार हुआ।

कहीं-कहीं पर मोड़
हल्का-सा घुमाव
गोल लम्बी दीवाल
जिस पर मेरी दौड़
ऐसी कि घोड़ा दौड़ाते हुए
बादशाह की बगल में दबा मैं,
मेरी राह कटी।
इसके अलावा मेरी चाल
या किसी ने मेरी चाल चली
मेरे विरुद्ध! एक दूसरे के ख़िलाफ़
प्यादी! पिद्दी!!

मुझे है यही फ़िक्र-फ़िक्र

कि उस बीती इमारत का
जब कोई नामोनिशान नहीं
फिर भी उसके अन्दर जाने के
जगह-जगह नए-नए धरसे फूटे
कुछ लोग जो बीत गए
पूरे गिने गए,
दुहराये जाने को ठहरे हुए।
बीती इमारत के अन्दर
तूतनखामन, नादिरशाह, जार्ज, हिटलर
ब्रेकफ़ास्ट लेते हुए एक टेबिल पर
हाज़िर उनका खानसामा बटलर।
हाज़िर वे भी
जो भूख से अधमरे थे
मजबूरी में और मरे
दफ़न होकर घेरे में पहुँच गए
सबने सोचा कि यही नरक है
पिछले जन्म में उनसे पाप हुआ
जो ग़रीब हुए
हाय! क्योंकर! आख़िरकर!!

ज़मीन की सतह के बहुत नीचे
किसी समाप्त हुई
क़दमों की गड़बड़ हलचल से
उभरकर एक सम्भावित जगह तक
पहुँचने के पहले
एक पलटा हुआ रास्ता
जिस जगह ख़त्म हुआ
उसी जगह कोई जो क़ैद से भागा था
पकड़ा गया
गिरफ़्तार हुआ।

और भी गहरे जाकर दफ़न हुआ
सही में मर गया!
सही में नहीं मरा!!
ठीक उसी जगह के बाद
रास्ता मैदान हुआ
क्योंकर! आख़िरकर!!

अब पहले से सावधान होकर
सिपहसालार
आँखों में जिसकी
सुनहरी फ्रेम का चश्मा
और रेशमी टाई है,
एटमी ताक़त की तलवार के साथ पहरे में है।
—अपने सभी ख़ज़ानों के साथ
बहुत से बादशाह दफ़न हैं
नहीं, ठहरे हुए।
फिर भी इमारत में
बहुत ख़ाली कमरे
दुनिया में और कितनी सल्तनत?
क्योंकर! आख़िरकर!!

सच यह भी है
कि अन्दर जाने और बाहर निकलने के
अपने सभी मार्गों के साथ
इमारत वह
गहरी ज़मीन को ओढ़
एक ऊँचा टीला है—
ज़मीन पर पड़ी हुई
कुछ कुबड़ी ज़मीन।
उसके नीचे ऊपर ज़मीन

बहुत उर्वरा है।

धँसी इमारत में एक बूढ़ा माली।
गमलों में झारे से
पानी डालते हुए
पूरी ज़मीन के बोझ से दबा।
एक गमले से
दूसरे गमले तक जाने में
एक बरस हुआ।
बहुत बरस हुए।
फिर भी रोज़-रोज़ पौधों की देखरेख
जो ज़मीन के ऊपर पेड़-झाड़ होकर
बहुत घने जंगल हुए।
ख़ूँख़ार जानवरों की जगह हुए।
उस तरफ़ और
कुछ इस तरफ़
ज़मीन पर बिखरे पड़े
चमकदार और परतदार
अभ्रक के बड़े-बड़े टुकड़े।
उस तरफ़ धूल पर लोटकर चीता
तनकर खड़ा होता है
तो उसके शरीर पर
अभ्रक कण धूप में बहुत चमकते हैं।
आदमख़ोर आकर्षक
और आदमी चमत्कृत है।

दिन गरमी के हैं—
छोटे-छोटे बवंडर
जगह-जगह अभ्रक की चमकदार धूल
और जंगल की

सूखी पत्तियों को
ऊपर उठाकर
तेज़ धूप में
झिलमिल
हवा की
नीचे से ऊपर बहने वाली
पतझड़ की सूखी धार है।

आसमान तक—
यहाँ की पतझड़
सब तारे पतझड़—
बिखरे हुए
जिस पर अभ्रक कण की धूल जमी
तारे चमकते हुए।
क्या जमींदोज़ इमारत के गमले की जड़ से
आसमान तक पेड़ होगा?
पेड़ की फुनगी का यही लक्ष्य होगा
कि सूर्य और चन्द्रमा का घोंसला उसी में हो
मंगल-बुध का भी,
सौरमंडल उसी में बसेरा ले।
आकाशगंगा की झालर से
पेड़ जगमग सजा रहे।
अंतरिक्ष का शून्य
शाखाओं और पत्तियों में फँसा रहे कभी न निकले।
सच तो यह है
मैं भी चाहता हूँ यही
लेकिन पेड़ सार्वजनिक
और आम का
दुनिया के लिए अमराई।

—चन्द्रमा इस तरफ़ से भी
अभ्रक के एक बड़े टुकड़े का।
नीचे की धूल
ऊपर चाँदनी
नीचे चाँदनी-सी
एक शायद चन्द्रमा काँच का
और इस तरफ़ मिलने वाले पत्थर
दूसरे पत्थरों से वज़नदार
लोहे के पत्थर!

यहाँ मीलों फैली हुई
ज़मीन के अन्दर
डोलामाइट की चट्टानें
कोयला, ताँबा, टीन, जस्ता।
उन सबकी दबी हुई पूँजी
हालत जिनकी खस्ता
कुछ नहीं पता कौन-सी तारीख़
दिन कौन-सा।

मुझे है शक! बहुत चिन्ता!!
कि जिस सड़क में
मैं और आमदरफ़्त
है वही धँसी दीवाल
नीचे जिसके घेरे में
सारे खनिज
सुरक्षित इमारत।
ढेर-सी लोहे की चट्टानें
तरह-तरह की मिट्टी और तरल
जिनकी पहचान अभी बाक़ी।

लगातार मिट्टी में धँसी होने से
दीवाल अहाते की
निकल आई जड़ें!
बहुत उर्वरा ज़मीन!!
दीवाल अहाते की जड़ें!
नीचे-नीचे से
कुओं, नदियों, तालाबों का
छोटे-बड़े बाँध का
पानी सोखतीं!
सूखते खेत
पड़ती भाटा होती ज़मीनें
झुलसी मुरमी लाल।
काली मिट्टी
तड़क कर पत्थर।
पत्थर टूटकर रेत
और मरुस्थल।

ऐसी नाप-जोख
कि ज़मीन से ज़मीन बेदख़ल।
अन्दर ही अन्दर
दीवाल अहाते की जहाँ जड़ होगी
उसकी हद होगी, हद होगी—
क़ब्रिस्तान की हद होगी—
अगर पहले एक हिंदुस्तान की तरह
बाद में पाकिस्तान की तरह
क़ब्रिस्तान भी कोई देश है
और नापने के लिए
हिन्दू या मुसलमानी ज़रीब।

मैंने बराबर महसूस किया

पैरों के नीचे बहुत अन्दर
ज़मीन की पहाड़ जैसी चट्टान में
पड़ती दरार को और दरार से फूट पड़ती
पारे की पतली धार को।
मैंने जब यह बात
दोस्त से की
तो उसने कहा—
यह तो वैसा ही हुआ
कि बहुत देर तक बच्चे ने दूध नहीं पिया
तो दूध से माँ का ब्लाउज
अपने आप गीला हुआ।

चट्टान में दरार पड़ते ही
मैंने साथ-साथ महसूस किया
इमारत की खुलती खिड़की
और पलड़ों को
बरसों जाम हुए क़ब्ज़ों को
कड़कड़ खुलते हुए
सैकड़ों फुट नीचे
ज़मीन के खिसकने-हटने की आवाज़ में
मलबे मिट्टी पत्थर को हटकर
जगह होते
ज़मीन को पोली होते।
ज़रूर इमारत में कोई जाग पड़ा
उसकी चहलकदमी
जैसे सक्रिय हुआ।
खिड़की खुलते ही
भूकम्प जितना धक्का लगा
हाय! दरवाज़ा खुलेगा तो क्या होगा!

पूरी इमारत ही जैसे हिल गई
खिसक गई
जैसे समुद्र के अन्दर
किसी चट्टान के ऊपर
ठहरी हुई सबमैरीन
पानी की अन्दरूनी हलचल से
खिसककर तिरछी हुई।

कभी यहाँ पर समुद्र था ज़रूर
तभी तो एक फ़ासिल मछली तैर गई
पारदर्शी मछली
जिसकी हड्डियों का ढाँचा स्पष्ट
शैवाल, प्लांक्टन से भरा हुआ यह पत्थर का समुद्र
पानी मिट्टी है।

ज़मीन के अन्दर जो टीले हैं
सूखे समुद्र की तलछट में
समुद्री टीले हैं
इन्हीं के बीच सुर्ख मूँगा चट्टान
फैलती-सिकुड़ती है
वही दृश्य है
ज़िंदगी बची है।
छोटा-छोटा इसीलिए
शताब्दी से तैरने के इंतज़ार में
पत्थरों के अन्दर मछलियों की आकृति।
शैवाल पानी में तिरने के लिए।
तूफ़ान उठने के लिए।
और सबमैरीन टोह लेने के लिए।

तभी दीवाल सड़क में
मुड़ते ही
तलुवों में
ज़बर्दस्त कटने चिरने की पीड़ा से
मुझे ध्यान आता है
कि इमारत की हिफ़ाज़त के लिए
दीवाल में टूटी बोतलों
और आइनों के काँच-टुकड़े गाड़े गए
जो निचली परतों से निकले सड़क पर
एक हल्के भूकम्प के धक्के से।

अजीब तिरछे उभरे घूमे हुए
आइनों के काँच-टुकड़ों में
सभी बिगड़े हुए चेहरे
आदिवासी काला रंग
नंगधड़ंग का मूँछों भरा चेहरा
मज़बूत उभरी हड्डियों का
कठोर चेहरा
ज़मीन से निकल आया
स्वस्थ, पथरीला, चट्टानी।
आदिवासी काले रंग में
सड़क की कोलतार का रंग
चेहरे पर तनाव जैसे
छाती पर अभी रोड-रोलर चला है।
लोह-पत्थर को हाथ-भट्टी से गलाकर
निकाले लोहे से
कानों में लोहे के कुंडल,
कंधे में कुल्हाड़ी।
पीछे बहुत घनी झाड़ी।
उसी में दुबका बैठा चीता।

जिसकी है फ़िक्र बड़ी चिन्ता।

कोई चेहरा नीग्रो हब्शी
मंगोली, काकेशियन
या बिल्कुल बन्दर
—नहीं बहुत पसीना है
तीन दिन से दाढ़ी नहीं बनी
बाल बिखरे, आँख भारी
कंधे में झोला लटका है।

सड़क के किनारे
म्युनिसिपैल्टी के नल से
बड़ी मुश्किल से हाथ-मुँह धोया।
बड़ी भीड़ नल में
हंडियों बाल्टियों में
पानी भरने के लिए झगड़ा मचा है।
रात दो बजे से नल खुला है।
कल तीन बजे रात को
पानी आया।

औरतों आदमियों की भीड़ में
देखता हूँ कि मेरी पत्नी
नहीं आई पानी भरने
अभी तक नहीं
मेरा दिमाग़ ऊटपटांग है
अच्छा हुआ जो पहले से मैंने
गीला कर लिया माथा,
मैं चिल्लाया—
नल खुल गया है!
देर हो गई!!

बन्द हो जाएगा!!!
एक आकृति-पत्नी अँधेरे में
तीनों बाल्टियों को लेकर
तेज़ी से आती दिखी।
अभी वह दूर है।
एक बड़ी बाल्टी के अन्दर दो बाल्टियाँ हैं।

खड़खड़ ख़ाली बाल्टियों की आवाज़
मुझ तक, नल तक उससे पहले पहुँची
मैं विचार करने लगा
कि नल से
पानी गिरने वाली आवाज़ को
ख़ाली बाल्टियों की आवाज़ में
भर दूँ।

सन्नाटे में भरी गुज़रती बस की आवाज़ में
अपनी चीख़ को चिल्लाकर रवाना कर दूँ।
और चुप होकर थोड़ी देर मुस्कराता खड़ा रहूँ।
लेकिन कहाँ!! जाने के लिए?

नदी में बारीक छेद हैं
नल से बूँद-बूँद
नदी टपकती है
बाढ़ म्यूनिसिपैल्टी के नल से आएगी
पहले ख़ाली घड़ा भरेगा
फिर डूब जाएगा
मुहल्ला शहर डूबेगा।

बिजली के खंभे के नीचे
एक आइने के टुकड़े से

अपने गीले बाल सँवार
मैं रात में भी भला लगता हूँ
बहुत शरीफ़
इसलिए अपने कठोर चेहरे से
डरता नहीं हूँ
चेहरे के पीछे
दुबके बैठे चीते से डरता हूँ।

चौंकता हूँ जिस हल्की आवाज़ से कि चीता है
वह तो मुझसे डरी झाड़ी से निकल
आगे भागती
तीतर बटेर है।
बड़ा गोलमाल है
कि आगे झाड़ी तक
मेरे पहुँचने के पहले
तीतर बटेर वहाँ से
और आगे की झाड़ी में भाग जाएँगी
ख़ूब रास्ता कटता है
पहले तीतर बटेर से
फिर मुझसे।
हाय! मैं भी किसी के लिए ऐसा ही
मेरे पीछे-पीछे कोई!!

बहुत डरा हुआ आगे बढ़ा
क़दम लहूलुहान पड़े
दीवाल की काँच से तलुवे बुरी तरह कटे
अपने ख़ून के
अपने पैर चिन्ह रखता हुआ
पहचान छोड़ता
मैं आत्महत्या किया हुआ-सा

आसानी से धर लिये जाने के लिए
हत्यारा तो नहीं!
न मेरे पैर नंगे!!
कि ज़िंदगी के सुख और दुख को
एक जोड़ी की तरह पहना है
चरर-चरर गूँज होती है
बिल्कुल नई जैसी जोड़ी
चमक एक जैसी
ये नहीं घिसते
बल्कि मैं घिसा रगड़ खाया।
पहना मैं गया।
तब भी दूसरों से जैसे मैं बहुत सुखी...क्योंकर! आख़िरकर!!

मुझसे हुई ग़लती
मेरी तो सबके साथ हिस्सेदारी
दीवाल-सतह-सड़क पर
पैर सुन्न होते हैं।
इस पर
बिगड़ती चाल
जाने का यही रास्ता।

मैं आफ़त का मारा
आफ़त की खोज करते हुए
इसी रास्ते पर
मुझे इमारत की जानकारी चाहिए
उसमें कौन रहता है
कितने कमरे हैं! गलियारे!! बरामदे!!!
कितना बड़ा रसोईघर!! स्टोर!!!
दरवाज़ा खुलना ही चाहिए।

अगर ख़ाली है तो
उसकी चाबी चाहिए।

1976

टहलने के वक़्त

टहलने के वक़्त
बाहर से मैं कमरे के अन्दर
निस्संग खुला हुआ छुट्टा
बिलकुल घुन्ना
चुप्पा।

सारा बाहर
कमरे की खिड़की दरवाज़े बन्द होते ही
बरामदे में रुक गया।

मेरे साथ अन्दर आना चाहता है—
सारा बाहर,
दृश्य मुझको ठेलकर
मुझसे आगे जाना चाहता है कमरे के अन्दर
बदमाश! गुंडा!! रईस!!!

अचानक अकेली एक की जनसंख्या मेरी
करोड़ों की तरह सामान्य है
अपने से ख़ाली

कमरे में
एक पेटी की तरह
ताला बन्द कर
अपनी अनुपस्थिति सुरक्षित करने के बाद
मेरी फिर हाज़िरी है।
अनुपस्थिति क़ीमती
हाज़िरी फ़ालतू।
जहाँ-जहाँ मैं नहीं
वहाँ से मैं ग़ायब
एक रद्दी
कर्ज़दार अनुपस्थिति

जिसे जगह-जगह
उसी तरह उपस्थित होकर
चुकारा होना है
या उससे बदतर।

जिसके सामने हाज़िरी है
हर बार वह मालामाल
मार! मार!
उसको मार!
दोस्त! उससे अपने को बचा
इनको भी बचा।

चारों तरफ़ से जाते हुए
जैसे चारों तरफ़ से
लौटते हुए
पहुँच का एक तंग गोलाकार घेरा—
कटघरा
सिमटकर

मेरा आकार हो गया—
इस तरह उपस्थित हूँ
नमस्कार करता हूँ।

हुआ यह
कि जहाँ मुझे जाना है
और जहाँ मैं वापिस हूँ
उस पूरी दूरी तक
मैं खड़ा-खड़ा
ऊब गया हूँ
आसपास
कोई चाय-भजिये की
दुकान भी नहीं है।
दोस्त का घर मालूम नहीं है
भूख लगी है
दाल-भात से ज़्यादा
दाल-भात शब्द को चबाना
झोले से ज़्यादा
झोला शब्द में कुछ भरना
अँधेरे-अँधेरे में कविता करना
या मुझे बाज़ार करना है।
दोस्त! इतनी भीड़
सब तंग
सबका हिसाब उसके पास
पूरा रिकॉर्ड
वह मालामाल
मार! मार!! उसको मार!
उसको दृश्य में ला
उपस्थित कर।
पाँच मिनट बाद खिड़की खोलने पर

वही खड़ा हुआ दृश्य,
खड़े हुए दृश्य में
गुज़रते हुए लोग
कि उस पेड़ के पास
अब कोई आदमी नहीं
जैसे वह जान-बूझकर पेड़ छोड़कर
चला गया कहीं
लेकिन पाँच मिनट बाद वाला पेड़।

पाँच मिनट पहले के पेड़ में
एक चिड़िया थी
वह पेड़
कुछ अधिक हरा था
कुछ अधिक घना
उस पेड़ के परिचित या विश्वसनीय होने के पहले
बदलकर
एक अविश्वसनीय पेड़
लेकिन वैसा ही पेड़
वही पेड़ शीशम का।...
और पाँच मिनट बाद का आकाश।
हीरे, पुखराज से क़ब्ज़े में
ग्रह नक्षत्र प्रदेश पाँच मिनट बाद के।
नीलम की अँगूठी से निकली
उँगली के इशारे से
बाद का ब्रह्मांड भी
भूरा ऊबड़-खाबड़ धारदार
दृष्टि की पहुँच को
काटता रोकता हुआ अनंत या तंग

पाँच मिनट की देर हो गई

और कोई तैयारी नहीं
सब कुछ बदल घेराघारी
समय की ज़ोरदार चौकीदारी
एक जाता
फिर दूसरा आता
पहले से ज़्यादा धूर्त और चालाक
उत्साही, नवयुवक उत्तराधिकारी
—समय उसका।

बिना घड़ी देखे
मैं भूतकाल होने की प्रक्रिया में
अपने निशान चिन्हों सहित
ग़ायब होने के पहले
तना हुआ घूँसा लिये
धुँधला हुआ
आगबबूला हुआ
और शाम छह बजे का वक़्त
साढ़े छह बजे का लगा।
कविता का क्या हुआ?
घूँसे से उँगलियाँ निकालकर
कविता लिखनी थी।
घूँसे से उँगली निकालकर
इशारा करना है।
इन्हें कविता में शामिल करना था।
इन्हें कविता में शामिल करना है।—
उसका कारोबार!
उसका मकान!
उसकी कालोनी!
उसका दृश्य!!
वह पेड़ बदलते हुए

वह चिड़िया
ज़मीन बदलते हुए
वह, आदमी बदलते हुए
मर्ज़ी माफ़िक।
मैं तो जगह-जगह ग़ायब
जादूगरी
और अधिकांश जगह ग़ायब
हमेशा के लिए
बदरुद्दीन बन्दूक़ वाले
और सर्राफ़े की दुकान
भागती मोटर से ग़ायब
जहाँ-जहाँ वह उपस्थित
वहाँ से मैं एकदम नदारद
आगे-पीछे की भीड़ के साथ
एकमुश्त अदृश्य।
हाथ की सफ़ाई
और सबका डेरा-डंगर ग़ायब।
पेट-भर खाना
और जेब के साथ
पूरी क़मीज़ ग़ायब।
कमरे की दीवाल में
जो आला है
वह दीवाल की जेब है
उसमें कमरे का ताला, चाबी,
एक मोमबत्ती और माचिस।
महीनों से रखा हुआ
एक दस पैसे का सिक्का है।
जेब में दाढ़ी बनाने की सस्ती ब्लेड मिल जाने से
मेरा दोस्त जेबकतरे की तरह पिट रहा है घटनाक्रम में
उस दुकान में

जिसकी दीवाल में
तिजोरी जेब है!

दोस्त! तू भी मार!! मार!!
उसको मार
अपना सबका माल बरामद कर
दृश्य में ला
उपस्थित कर।

दोस्त होना तो था
होना है
हो! हो!!
बाद में भी वही पेड़
विश्वसनीय पेड़
सार्वजनिक आदिवासी
आदिम जाति जंगली पेड़
ऊँचे भूरे ईंटों के चबूतरे का
अँगोछा लपेटे
जिसकी पत्तियाँ
हवा से हिलती नहीं
हवा को झकझोरकर
आँधी बनाता पेड़
उखड़ते-उखड़ते बच गया जो
पुराना गाँव का पेड़।
वहीं अपने लोगों की
हाज़िरी लेनी थी।
खंडहर की दीवाल के ऊपर
उगे हुए पीपल के पेड़ से
बढ़ी ऊँचाई होनी थी।
पहाड़ पर बने हुए

बिड़ला मंदिर से
बढ़ी—ऊँचाई
ख़त्म करनी थी।
क़िस्सा ख़त्म करना था
क़िस्सा शुरू करना है।

—चली गई दूरी को देखकर फिर
किसी भी झरोखे से
गोया सींकचों से बाहर
दोनों हाथ निकाल
अपने दोनों हाथों को
सम्पूर्ण बाहर में
शामिल कर लेता हूँ।

सम्पूर्ण बाहर में
अपनी उँगलियाँ हिलाता हूँ
मुट्ठियाँ बाँधता हूँ।

खुरदरे हाथों से
खुरदरे वातावरण में
बाहर एक कविता छूट जाती है।
यह टहलने का वक़्त
अथाह गहरे में

जिस जगह में डूब रहा था
वहाँ एक ज़मीन
मेरा मुहल्ला
पुरानी बस्ती
कटोरा तालाब
इस तरह उभरकर

ऊपर सतह में आया—
कि मैं उस पर खड़ा हुआ
गीले कपड़ों से
ज़िंदा बचा हुआ
दुनिया देखता हूँ
गड़बड़ी है
हाय! भीगे हुए
दो चार नोट सुखाता हूँ

ज़िंदगी बड़ी है।

1975

विचारों का विस्तार इस तरह हुआ

विचारों का विस्तार इस तरह हुआ—
जिस दिशा में
एक मरियल आदमी
मुरम खोद रहा
दिन-भर से धूप में
पुरानी जंग खाई
लोहे जैसी मज़बूत
मुरमी तपती ज़मीन से
उस आदमी के साथ
एक लड़का
आबादी जैसा भूखा
उघारा दुबला
खुदी हुई मुरम को जो
घमेले में भरकर
बैलगाड़ी में डाल रहा
उन दोनों तक पहुँचने के लिए
पेड़ की छाया
शाम-शाम को बहुत चाहकर
उनकी दिशा में

कुछ लम्बी होकर रह गई।

बुलबुल तो गाने वाला
भूरे रंग का फूल
खंजन मैना भी पेड़ में
इसीलिए तो उड़ गई।
दुःख हुआ हरे-भरे पेड़ से
कि पत्तियाँ सैकड़ों
आकर बैठ गई होंगी झुंड में
चिड़ियों के साथ

हरी पत्तियों का बसेरा
वह जो अब इसलिए पेड़ हरा।
एक पत्ती एक चिड़िया लगी
पीली पत्ती
जो पेड़ से अलग हुई हवा में
गिर पड़ी ज़मीन पर
मरी हुई चिड़िया पीली।
एक पत्ती गई
एक पत्ती की छाया गई।

पेड़ में स्थिर बैठी चिड़िया
पेड़ के हिस्से के समान
और पेड़ पर बैठने के लिए
कहीं दूर उड़ती चिड़िया भी
पेड़ का उगा हुआ विस्तार
हवा में उड़ता
सीटी-सी बजा
ओझल हुआ।
—एक चिड़िया गई
एक चिड़िया की छाया गई

पेड़ की छाया
टुकड़े-टुकड़े
चिड़ियों की छाया होकर
चली गई चिड़ियों के साथ।

उड़कर चली जाएगी हरियाली
हरी पत्तियों का झुंड
हरी झाड़ी
असंख्य बीज
चिड़ियों के झुंड के साथ
भरी नदी के किनारे
जंगलों में,

बाक़ी होगा ठूँठ
इस चटियल मुरमी मैदान पर।
हरियाली गई
हरियाली की छाया गई।

दृश्य धुँधले हैं
धुँधलके में,
एक-एक कर नहीं
एक साथ धीरे-धीरे।
जो दिख रहा है
वह धुँधला।
जो ओझल
धुँधलके में ओझल है।

चिड़िया बहुत छोटी
धुँधला आकाश भी।
धुँधला एक तारा

धुँधलके में शाम का,
पर दूर से आती हुई
ओझल बैलगाड़ी के
बैलों की घंटी की आवाज़
कहाँ धुँधली।
इसीलिए तो
एकबारगी दिखने वाले
शाम के तारे पर दृष्टि गई
कि घंटी वही तारा है
धुँधले आसमान के गले में काँसे की,
पर जितना बड़ा गला आसमान का
उस हिसाब से
घंटी छोटी है
चन्द्रमा ठीक है।

आसमान छुट्टा
पता नहीं किसने छोड़ा
जुगाली करता हुआ पसरा
सारी दुनिया की हरियाली में
मुँह मार सकने लायक
भारी भरकम।
सारी फ़सलें
सारे जंगल
उसकी तरफ़ उन्मुख
वह धीरे-धीरे आता हुआ
ज़मीन की तरफ़!!!
अगर जहाँ का तहाँ
तो बँधा हुआ खूँटे में है,
जुतने के लिए कभी
मुरम खोदने वाले की

बैलगाड़ी में।
और यदि आ रहा होगा
तो शायद जुत गया होगा
जोड़ी के लिए
दूसरा आसमान भी
साथ होगा।

एकदम सन्नाटे में
उभर कर
स्पष्ट
बैलगाड़ी के आने की आवाज़ का
इस तरह विस्तार हुआ
—एक अकेला पेड़
पथरीले मैदान पर
निपट अकेला होता है
अंकुर से होकर
सूख जाने तक

उसी जगह
वहीं हिलता-डुलता
पिंजड़े में एक हरा तोता जैसा
दो पेड़
ज़्यादा से ज़्यादा
पिंजड़े में
जोड़े जैसे होंगे।

—सब तरफ़ जाने के लिए
पेड़ का क़दम अगला
एक दूसरा पेड़ ही होगा।
एक पेड़ का

आगे बढ़ते जाने का मतलब
सिलसिला पेड़ों का
संगठन की हरियाली का सुख।

—पहाड़ जैसा
स्थायी
रुका हुआ
बढ़ जाता है
दीवाल की तरह
श्रेणियों में संगठित,
—सतपुड़ा की श्रेणी
विंध्याचल।
संगठित हों हम भी
पर नहीं छोड़नी हमको
ख़ैबर की घाटी
ख़ाली कोई जगह,
हिमालय से बेहतर।
—बाहर यदि कहीं
धूप में
टँगा तोते का पिंजड़ा
तब भी पिंजड़े के अन्दर तोता है
ऊपर से
पिंजड़े की छाया के अन्दर
तोते की छाया होगी।
पिंजड़े की छाया में
एक कटोरी की छाया
मिर्ची की छाया
अधखाई होगी।—

बैलगाड़ी के आने की आवाज़ का

और विस्तार
हरे-भरे पेड़ को
हरा-भरा पेड़ सोचने का
अभ्यास होना ज़रूरी है
पेड़ दिख रहा है
धुँधलके में
पर हरा-भरा है।
रात में भी हरा-भरा होगा।
हरियाली के विश्वास का विस्तार
नन्हीं चिड़िया से होगा—
एक पेड़ से दूसरे पेड़
इस मुहल्ले से उस मुहल्ले
एक छोर से
अन्तिम छोर
बिजली के तार
टेलीफ़ोन के खम्बे
कुएँ की मुँडेर
रहट
इस तरफ़
उस तरफ़
कारख़ाने दफ़्तर
गौरय्या घर घर
आने वाली बैलगाड़ी के
पहिये की यह घरर घरर आवाज़।

मेरा विचार!!
भूकम्प के पहले
ज़मीन के अन्दर
दबी हुई गड़गड़ाहट का शक
ज़मीन में धमक

ज़मीन काँपती हुई कि
यह कोई और बैलगाड़ी है!!
मुरम भरकर ले जाने वाली नहीं
पर है
मुरम खोदने वाले की
जिसकी आवाज़ से
भयानक लू में
ठंडी लहर चली
नमी और
हरियाली की गंध
नदियों, खेतों
और ख़ुशहाल आबादी वाली
हज़ारों मील के
दृश्य के
एक साथ उभरने की आवाज़
बहुत ज़ोर की
कहीं बारिश के अन्दर से गुज़र
भींगी भींगी
ठंडी हवा इधर—
उस बारिश की
पहुँची यहाँ ख़बर,
हवा में उड़ता
मीलों दूर भविष्य से
आया जैसा
एक बूँद पानी चेहरे पर
चेहरे पर पानी का अनुभव,
मेरे पते पर
एक बूँद।
पूरा वातावरण जिसमें
पोस्टकार्ड

ठंडी हवाओं का
बहुत दिन बाद मिला
आने वाली सबकी कुशलता
और अनगिनत
अच्छे समाचारों का
आभास देने वाला
कोई संकेत अक्षर, सम्बन्ध अक्षर—
बारिश की एक बूँद।

चार आठ बूँद पड़ते ही
मैंने सोच लिया
एक वाक्य
—अच्छा समय।
दूसरे वाक्य फिर—
मिल-जुलकर ख़ुश बहुत।

कल की थोड़ी बेफ़िक्री
मौसम इतना अच्छा कि
खिलखिलाता लड़का अढ़ाई साल का
नंगधड़ंग दौड़ता
निकल आया घर से बाहर,
पीछे-पीछे
हाथ में चड्डी लिये
दौड़ती पत्नी आई
मुझसे शिकायत करती बेटे की
सुनकर मैं
बेटे के पीछे दौड़ा
पर जान-बूझकर
धीरे-धीरे
ताकि कुछ देर उसे

आगे तक
और दौड़ने दूँ
उसके पीछे धीरे-धीरे
मैं दौड़ूँ पत्नी भी दौड़े—
बुढ़ापे में बेटे के पीछे
दौड़ नहीं पाएँगे
पर जहाँ वह होगा
साथ वहाँ होंगे आगे-आगे
मौसम इतना अच्छा।

इसी तरह बूँदा-बाँदी
कुछ देर मैं लिखता रहा!

कुछ देर मैं लिखता रहूँ
—आने वाली बैलगाड़ी में
जुते होंगे
अड़ियल बैल-से बुरे दिन
मज़बूत पुट्ठे के,
भारी सींग
तेल से चमकते,
काले बैल
काले दिन
पसीने से भींगे
सुमेला तोड़ने की कोशिश
गाड़ी उलटा देने की फ़िराक़
पर काबू में होंगे।
हाँकता होगा
मुरम खोदने वाला
और खड़ा होगा बाज़ू में लड़का
ललकारते हुए बैलों को

ताक़त से पूँछ मरोड़
‘हई! हई! बईला सम्हल
गड़बड़ करने से डर
जल्दी चल
आगे बढ़।’

मज़बूत विशाल संगठन की ताक़त से
धीमे-धीमे
बढ़ती हुई बैलगाड़ी
परन्तु भविष्य के
अच्छे समय को लादकर
पहुँचने के लिए वाली गति।

लदा होगा
टूट-फूटकर पहाड़ वह
गाड़ी के एक कोने में,
जो ज़िंदगी के रास्ते में अड़ा था।
रास्ता जिससे
मात्र कुछ क़दम चारों तरफ़,
रास्ता एक कमरा जैसा
बल्कि गुफा जैसा
चट्टानों से बन्द।
टूटने से पहाड़ के
निकल बाहर आया होगा
पहाड़ जैसे वज़न से
सैकड़ों साल का पिछड़ा
दबा हुआ ग़रीब
छोड़कर पीछे
अपनी पुरातत्व हुई ग़रीबी
सारे उसके अवशेष

खंडित पैर
टूटी नाक
टूटी भुजा
बचा हुआ धड़—
पेट के साथ,
शामिल होते
बारिश की दुनिया में
अपनी मज़बूत भुजाओं से
ताक़तवर कंधे पर
लेकर हल
मेड़ों से उतर
खेतों पर।

और बैलगाड़ी में होंगे
हँसते अपने सब मुस्काते
ग़रीब बुलबुल
ग़रीब खंजन मैना
ग़रीब गौरय्या
औरत बच्चे बूढ़े।

एक बच्चा जो
बैठा होगा
टूटे पहाड़ के ढेर की चोटी पर
पूछेगा दादा से
—पहाड़ को फेंक क्यों नहीं देते
गाड़ी से नीचे
मुरम की खदानों में?
'अरे! नहीं!!' दादा बोलेंगे,
'रास्ते में
जगह-जगह

आदमियों की उत्सुक भीड़ मिलेगी
जिस ख़तरनाक ऊँचाई से
डरते थे
उसको मरा हुआ
टूटा-फूटा
देख लेने की
उनमें ललक होगी।'
सुनकर सब बच्चे
ख़ुश होकर ताली बजाते
दौड़ पड़ेंगे खेलने
पहाड़ के टूटने से
फट पड़े सोते और झरनों में।

गूँजी तब विचारों के विस्तार में
गाने की आवाज़ गम्भीर
मुरम खोदने वाले की भर्राई मोटी
लड़के की मधुर मीठी
उस आवाज़ का मैं
इसर तरफ़ विस्तार हुआ
और गाने लगा
ज़मीन की स्थिरता के संयम से
भविष्य की ख़ुशहाली की साँसों को खींचकर
आसमान की ऊँचाई को
ध्यान में रख
मुट्ठा भींचे
धीरे-धीरे
'निकल पड़ें बाहर
बेघर के बन्द
खिड़की दरवाज़े से
झुग्गी-झोपड़ी

गटर नाली से,
दया और माँगे हुए वक़्त से
बाहर कूदकर,
छीन लें अपना वक़्त
अपने कारख़ाने बगीचे
अपने घर
अपनी घास
तिनके तक
निकल पड़ें शामिल होने
उनमें
जो इकट्ठे हैं
नदी को साथ लाने
चटियल मुरमी मैदान पर।'

जल्दी ऐसी कि—
ख़ुशबू बौर की पहले आई
अमराई बाद में होने के लिए
साथियों की ख़बर पहले आई
बाद में साथी पहुँचने के लिए,
अच्छे भविष्य का विश्वास पहले
अच्छा भविष्य बाद में होने के लिए,
काम करने की शुरुआत पहले
काम ख़त्म करने के लिए।

बुलबुल तो
गाने वाला
भूरे रंग का फूल
खंजन मैना भी—
इस पेड़ उस पेड़।

1978

रायपुर बिलासपुर सम्भाग

रायपुर बिलासपुर सम्भाग
हाय! महाकौशल, छत्तीसगढ़ या भारतवर्ष
इसी में नांदगाँव मेरा घर
कितना कम पहुँचता हूँ जहाँ
इतना ज़िंदा हूँ
सोचकर ख़ुश हो गया कि
पहुँचूँगा बार-बार
आख़िरी बार बहुत बूढ़ा होकर
ख़ूब घूमता जहाँ था
फलाँगता छुटपन
बचपन-भर
फलाँगता उतने वर्ष
उतने वर्ष तक
उम्र के इस हिस्से पर धीरे-धीरे
छोटे-छोटे क़दम रखते
ज़िंदगी की इतनी दूरी तक पैदल
कि दूर उतना है
नांदगाँव कितना अपना।

स्टेशन पर भीड़
गाड़ी खड़ी हुई
झुंड देहाती पच्चीसों का रेला
आदमी औरत लड़के लड़की
गंदे सब नंगे ज़्यादातर
कुछ बच्चे रोते बड़ी ज़ोर से
बाक़ी भी रुआँसे सहमे
जुड़े-सटे एक दूसरे से इकट्ठे
कूड़े-कर्कट की गृहस्थी का सामान लाद
मोटरा, पोटली, ढिबरी, कंदील
लकड़ी का छोटा-सा गट्ठा
एक टोकनी में बासी की बटकी हंडी
दूसरी में छोटा-सा बच्चा
छोटी सुन्दर नाक, मुँह छोटा-सा प्यारा
बहुत गहरी उसकी नींद
भविष्य के गर्भ में उलटा पड़ा हुआ
बहुत ग़रीब बच्चा
वर्तमान में पैदा हुआ।

भोलापन बहुत नासमझी!!
पच्चासों घुसने को एक साथ एक ही डिब्बे में
लपकते वही फिर एक साथ दूसरे डिब्बे में।
एक भी छूट गया अगर
गाड़ी में चढ़ने से
तो उतर जाएँगे सब के सब।

डर उससे भी ज़्यादा है
अलग-अलग बैठने की बिलकुल नहीं हिम्मत
घुस जाएँगे डिब्बों में
ख़ाली होगी बेंच

यदि पूरा डिब्बा तब भी
खड़े रहेंगे चिपके कोनों में
या उकडूँ बैठ जाएँगे
थककर नीचे
डिब्बे की ज़मीन पर।

निष्पृह उदास निष्कपट इतने
कि गिर जाएगा उन पर केले का छिलका
या फल्ली का कचरा
तब और सरक जाएँगे
वहीं कहीं
जैसे जगह दे रहे हों
कचरा फेंकने की अपने ही बीच।

कुछ लोगों को छोड़
बहुतों ने देखा होगा
पहली बार आज
रायपुर इतना बड़ा शहर
आज पहली बार रेलगाड़ी, रोडरोलर, बिजली नल।
छोड़कर अपना गाँव
जाने को असम का चाय बगान, आज़मगढ़
कलकत्ता, करनाल, चंडीगढ़
लगेगा कैसा उनको, कलकत्ता महानगर!!

याद आने की होगी
बहुत थोड़ी सीमा—
चन्द्रमा को देखेंगे वहाँ
तो याद आएगा शायद
गाँव के छानी छप्पर का, सफ़ेद रखिया
आकाश की लाली से

लाल भाजी की बाड़ी
नहीं होगी ज़मीन
जहाँ जरी खेड़ा भाजी।
आँगन में करेले का घना मंडप
जिसमें कोई न कोई हरा करेला
छुपकर हरी पत्तियों के बीच
टूटने से छूट जाता
दिखलाई देता
जब पककर लाल बहुत हो जाता—
देखेंगे जब पहली बार
सुबह शाम का सूरज
छूटकर रह गया वहाँ दिन
छूटकर सुबह शाम का सूरज।

दूर हो जाएगी गँवई, याद आने की अधिकतम सीमा से भी
क्षितिज के घेरे में मज़बूत और बड़ा
कलकत्ते का है घेरा
कि अपनी ही मजबूरी की मज़दूरी का
ग़रीबी अपने में एक बड़ा घेरा।

नहीं-नहीं मैं नहीं पहुँच सकूँगा नांदगाँव
मरकर भी न ज़िंदा रह
टिकट कर दूँ वापस
चला जाऊँ तेज़ भागते
गिरते पड़ते हाँफते
देखूँ झोपड़ी एक-एक
कितनी ख़ाली
क्या था पहले
क्या है बाक़ी।
छूट गई होगी धोखे से

साबुत कोई हंडी
पर छोड़ दिया गया होगा दुःख से
पैरा तिनका तक
अरहर काड़ी एक-एक।

समय गुज़र जाता है
जैसे सरकारी वसूली के लिए साहब दौरे पर।
फ़िलहाल सूखा है
इसलिए वसूली स्थगित
पिटते हुए आदमी के बेहोश होने पर
जैसे पीटना स्थगित।

देखना एक ज़िंदा उड़ती चिड़िया भी
ऊँची खिड़की से फेंक दिया किसी ने
मरी हुई चिड़िया बाहर का भ्रम
कचरे की टोकरी से फेंका हुआ मरा वातावरण
मर गया एक बैल जोड़ी की तरह
एक मुश्त रायपुर और बिलासपुर
इसे महाकौशल कहूँ या छत्तीसगढ़!!

मर गया प्रदेश
मर गई जगह पड़ी हुई उसी जगह
उत्तर प्रदेश राजस्थान
बिहार कर्नाटक आंध्र
बिखर गई बैलों की अस्थिपंजर-सी सब ज़मीन उत्तर से दक्षिण
ज़मीन के अनुपात से
आकाश को गिद्ध कहूँ
इतना भी नहीं काफ़ी
जितना, अकेला एक गौंठिया काफ़ी
फिर मरे हुए दिन की परछाई रात अँधेरी।

शब्द खेत शब्द पत्थर
मेड़ के नीचे धँसे पत्थर
बल्कि चट्टानें
फ़ॉसिल हुई फ़सलें।
दृश्य तालाब का
गड्ढे का दृश्य साफ़ है।
तालाब का पंजर।
पपड़ाया हुआ मन तालाब का भीतरी।
जिसमें सूखी हरी काई की परत
सूख गया हरा विचार तालाब का।
पार के ऊपर जाकर
मंदिर के पास खड़ा
किसी पेड़ का जैसे एक पुराना बरगद।
पेड़ का नीम सूखा
'था एक पेड़' की कहानी की शुरुआत।
लकड़ी के पेड़ के बबूल पीपल
लकड़ी की अमराई।
एक ग़रीब खेतिहर के बेदख़ल होते ही
छूटकर रह गई ज़मीन
ज़मीन का नक़्शा होकर
टँग गई ज़मीन दीवाल पर
कि हिमालय एक निशान हिमालय का नक़्शे में
नदियाँ बड़ी-बड़ी बस चिन्ह नदियों के
पुल, रेलगाड़ी की पटरी, सड़क
और निशान समुद्रों के
नक़्शा पूरा टँगा हुआ देश का दीवाल पर
कहाँ नांदगाँव उसमें मेरा घर।
बहुत मुश्किल ढूँढ़ने में
पारी नाला, नदी मुहारा

रास्ता पगडंडी का
घर आँगन, एक पेड़ मुनगे का
अजिया ने जिसे लगाया था
दो पेड़ जाम के
बापजी, बड़े भय्या के, और चाचा की छाया,
अम्मा से तो एक-एक ईंट घर की
और चूल्हे की आगी
बहुत थककर एक कोने में पड़ जाती,
बहुत मुश्किल इन सबका उल्लेख नक़्शे में।

नहीं कोई चिन्ह
तालाबों में खिले हुए कमल का
तैरती छोटी-छोटी मछली
झींगा, सिंगी, बामी, कातल
कूदते नंग-धड़ंग छोटे-बड़े, गाँव के लड़कों का
तकनीकी तौर पर भी मुश्किल
यह सब नक़्शे में
जब गाँव बहुत से और छोटे-छोटे हों
ग़रीब करोड़ों और रईस थोड़े हों
जब तक न वहाँ बड़े कल-कारख़ाने
या बाँध ऊँचे हों।

बिना जाते हुए प्लेटफ़ार्म पर खड़े-खड़े
जब याद आते हैं नांदगाँव पहुँचने के
छोटे-छोटे से देहाती स्टेशन
इधर से रसमड़ा, मुड़ीपार, परमालकसा
उधर से मुसरा, बाँकल
तब लगता है मैं कहीं नहीं
बस निकाल दिया गया दूर कहीं बाहर सीमा से
निहारते नक़्शे को नक़्शे के बाहर खड़े-खड़े

लिये हाथों में एक झोला
एक छोटी पेटी का अपना वज़न।—
फिर थककर बैठ जाता हूँ पेटी के ऊपर
और इस तरह खड़े-खड़े थकने से पछताता हूँ—
कि तालाब की सूखी गहराई के बीच
मैं भी तालाब का कोई छोटा-सा जीवित विचार दिखूँ
ज़िंदगी में गीले मन से रिसता हुआ
पीपल की गहरी जड़ों को छूता
खेत के बीच कुएँ के अन्दर
झरने सा फूटूँ।
मेहनत के पसीने से भींग जाऊँ।
पलटकर वार करते हुए
बुरे समय के बाढ़ के पानी को
दीवाल-सा रोकता
बाँध का परिचय दूँ
कि मैं क्या हूँ आख़िर
मेरी ताक़त भी क्या है
बाढ़ को रोकने वाली दीवाल
छोटे-से गाँव के तालाब का छोटा-सा विचार है।
बिखर गए एक-एक कमज़ोर को
इकट्ठा करता हुआ
ताक़त का परिचय दूँ
कि मैं क्या हूँ
मेरी ताक़त भी क्या है
इकट्ठी ताक़त तो एक-एक कमज़ोर का विचार है।

गूँजी तब गाड़ी की तेज़ सीटी
कानों में हवा साँय गूँजी
अँधेरे अधर में लहर गई एक हरी बत्ती
किसी ख़ूँख़ार जानवर की अकेली आँख अँधेरे में हरी चमकी

चलने को है अब हरहमेश की रेलगाड़ी
हड़बड़ाकर मैं पेटी से उठा
कि हाथ का झोला छिटक दूर जा पड़ा
गिर गया टिफिन का डिब्बा झोले से बाहर
लुढ़कता खुलता हुआ
रोटी और सूखी आलू की सब्ज़ी को बिखराता
ढक्कन अलग दूर हुआ
अचानक तब इकट्ठे भूखे नंगे लड़कों में
होने लगी उसी की छीना-झपटी
मेरी छाती में धक-धक
मेहनत के आगे भूख का ख़तरा हरहमेश
काँप गए पैर
अरे! रोक दो मत जाने दो
मजबूर विस्थापित मज़दूरों को
कहाँ गया लाल झंडा! लाल बत्ती!! गाड़ी रोकने को
आ क्यों नहीं जाता सामने सूर्योदय लाल सिगनल सा
खींच दे उसमें से ही कोई ज़ंजीर ख़तरे की
या पहुँचे कोई इंजन तक
कर ले क़ब्ज़ा गाड़ी के आगे बढ़ने पर
पलटा दे दिशा गाड़ी की
कूदें सब खिड़की दरवाज़े से डिब्बे की
लौटें लेकर फ़ैसले का विचार लश्कर
छोड़ दें पीछे मोह कचरे की गृहस्थी का
टट्टा कमचिल बासी की बटकी हंडी भी
पर भूल न जाएँ ढिबरी कंदील
ज़रूरत अँधेरे में रास्ता ठीक देखने की।

एक ग़रीब जैसे हर जगह उपलब्ध आकाश पर
गोली का निशान गोल सूरज
रिसता रक्त पूरब कोई सुबह।

उसी सुबह एक ज़िंदा चिड़िया का हल्ला
देखने को टोलापारा उमड़ा
सुनाई देती है सीटी उस चिड़िया की
बुलबुल ही शायद दिखलाई नहीं देती
कहाँ है? कहाँ हैं?
एक ने कहा—मुझे दिखी
उसे घेरकर तुरंत जमघट हुआ
चिड़िया बुलबुल दिखाने को
बच्चों को कन्धे पर बैठाए लोग
इस तरह भविष्य तक ऊँचे लोग
सबकी इशारे पर एकटक नज़र
उधर वहाँ!
'था एक पेड़' की कहानी का जहाँ ख़ात्मा
नहीं चला होगा लम्बा क़िस्सा
समाप्त बीच में ही हुआ होगा
वहीं सुरक्षित पीपल का एक बीज अंकुर
'एक पेड़ है' कहानी की शुरुआत
उसी पेड़ पर
जिस पेड़ की फुनगी को सारे आकाश का निमंत्रण।

हरा मुलायम
हरा ललछौंह चमकते
नए पत्तों के बीच

बस उसी पेड़ पर।

1979